監修者――木村靖二／岸本美緒／小松久男／佐藤次高

［カバー表写真］
ジャンヌ・ダルク
（アルベール・リンチ画，『フィガロ・イリュストレ』1903年4月1日号）

［カバー裏写真］
ジャンヌ・ダルク
（オディロン・ルドン画，1900年頃，オルセー美術館蔵）

［扉写真］
ウィンチェスター枢機卿ヘンリ・ボーフォートの尋問を受ける獄中のジャンヌ・ダルク
（ポール・ドラシュ画，1824年，ルーアン美術館蔵）

世界史リブレット人32

ジャンヌ・ダルクと百年戦争

時空をこえて語り継がれる乙女

Katō Makoto
加藤 玄

目次

二十一世紀にジャンヌ・ダルクの伝記を書くこと

二〇一六年三月、ジャンヌ・ダルクの遺品と紹介される指輪がロンドンのオークションに出品され、歴史テーマパークを運営するフランスの財団が三〇万ポンドで落札した。指輪は銀製で、五つの十字とイエスとマリアの銘が彫られており、確かに裁判時にジャンヌが語った指輪の描写と一致する。また、ジャンヌの活躍した十五世紀の製造であることもオクスフォードの研究所の分析で確かめられた。しかし、この種の指輪は当時ありふれたもので、出品された指輪は一九〇〇年代以降の来歴しかたどれない。落札された指輪をジャンヌが所持していたという史料的根拠はないまま、当の財団は、ジャンヌの指輪のフランスへの帰還を祝うイベントを盛大に催した。

新聞紙上▲で、歴史家たちはこの指輪の真偽に疑問を呈し、指輪をテーマパーク内で有料展示する財団の商業主義について、「多くの人に安価に歴史を伝えたいと願う科学的公共的なアプローチからは程遠い」と批判した。これに反論して、テーマパークの設立者は、「指輪の前では人々が行列をつくっている。…この熱狂、再発見された熱情は、ジャンヌの偉業を社会学的な衝動に還元し、ありふれたものにしようとする者たちの悪癖に対する、人々の見事で痛烈な反応である」と述べた。

一方で、歴史家たちの活動により、二〇一五年に公的助成を受けて、ルーアン▲に「ジャンヌ・ダルク歴史館▲」が設立された。この施設は、ジャンヌ・ダルクのナショナリスト的な見方を肯定するのではなく、彼女の複雑な性格や、彼女が政治的商業的に頻繁に利用されてきた点について、視聴覚展示を駆使して、来館者に伝えることに取り組んでいた。前述のテーマパークの設立者が極右政党の党首であることを考え合わせるならば、指輪の購入は、この歴史館の理念に対抗するものであることは容易に想像できる。

このように、現代のフランス人のアイデンティティやナショナリズムをめぐ

▼新聞紙上　『ル・モンド電子版』(二〇一六年三月二十五日付け)より。

▼ルーアン　フランス北部ノルマンディ地域圏の中心都市。ジャンヌ・ダルクが火刑に処された場所として有名。

▼ジャンヌ・ダルク歴史館　正式名称 Historial Jeanne d'Arc。元大司教館内の五階建ての一五の空間でグループ見学をおこなうことができる。

る議論においても、ジャンヌ・ダルクが今でもなお争点となりうるのである。

ジャンヌ・ダルクの伝記はこれまで数多く書かれてきた。十九世紀以来のイデオロギー論争によって形成されたジャンヌの政治的神話とその利用（第⑤章参照）を非難し、史料に裏打ちされた歴史的事実を再構成しようとしたレジーヌ・ペルヌーとマリ＝ヴェロニック・クランによる一九八六年の伝記（一九九二年日本語訳刊行）は、実証主義的歴史学による模範的な成果といえる。

他方、二十世紀末にフィリップ・コンタミーヌは、ジャンヌの伝記の多くを「たとえ真面目で善意によるものであっても、（彼女に対する）距離をとらず、必要な歴史的文脈（の知識）を欠く著者の作品である」と批判した。そこで、彼はまず、①ジャンヌの公的な活動がわずか二年だったにもかかわらず、その記録の量と伝播の広がりが膨大であること、②彼女の人となりと行動への人々の反応は当初から両極端なので、「真のジャンヌ・ダルク」を描くという名目で、それらの矛盾から目を逸らしてはならないこと、③彼女の幼少期・預言・使命・奇跡などに関する伝説は当初から流布されており、神話化がすでに始まっていたこと、以上の三点を前提とする。そのうえで、今後は「真のジャンヌ・

▼レジーヌ・ペルヌー（一九〇九〜九八）　フランスの古文書学者・歴史家。一九七四年、オルレアンに設立されたジャンヌ・ダルク研究センター初代所長。著作は『ジャンヌ・ダルク復権裁判』『オルレアンの解放』『ジャンヌ・ダルクの実像』など多数。

▼マリ＝ヴェロニック・クラン（一九五四〜　）　パリ医学史博物館館長。ジャンヌ・ダルク研究センター第四代所長。

▼フィリップ・コンタミーヌ（一九三二〜　）　フランスの歴史家。元パリ第四大学教授。ジャンヌ・ダルク研究センター第二代所長。専門は中世末期の軍事史・貴族史。

ダルク」の解明ではなく、また事件と日付の微修正に満足することなく、ジャンヌを十五世紀という歴史的文脈のなかにおいて考察し、適切なテーマを選び、同時代人が彼女をどうとらえたのかを再構成することを提唱する。

コンタミーヌの指摘を踏まえ、コレット・ボーヌ▲は二〇〇四年に斬新なアプローチのジャンヌの伝記を著した。同書は、ペルヌーらの伝記のようにジャンヌの事蹟を正確にたどることを第一の目的とせず、膨大な関連史料を博捜し、中世の預言、魔術、民間信仰、女性の軍事的宗教的役割など魅力的なテーマをそれぞれ検討した。ジャンヌ個人を対象にするのではなく、彼女を当時の文化的宗教的文脈に位置づけ、彼女のさまざまなイメージを形成した当時の人々の「心性」をも生き生きと描き出すことに成功したといえる。

本書では、コンタミーヌとボーヌの研究視角を意識して、以下の三点に注目してジャンヌの伝記を叙述する。第一に、同時代人たちが彼女に対していだいたイメージの複数性および多義性である。「真の」「唯一の」ジャンヌ・ダルクを語る試みは、彼女の出現当初においてすら不可能なのである。第二に、当時のコミュニケーションのあり方である。十五世紀には識字者の数が増大し、従

▼コレット・ボーヌ（一九四三〜　）

フランスの歴史家。パリ第一〇大学名誉教授。専門は中世末期の政治史。主著『フランス国民の誕生』（未訳）、『ジャンヌ・ダルク』（『幻想のジャンヌ・ダルク』二〇一四年日本語訳刊行）。

伝令使による布告　広場で布告する二人の国王伝令使。中央左側の人物が百合の花印の旗を下げたトランペットを吹き、中央右側の人物がアラスの和約（六八頁参照）を読み上げている場面。ジャン・シャルティエ『シャルル七世年代記』の写本挿絵（一四七〇年頃）。

来の説教や伝令使による布告のような口頭でのコミュニケーションに加えて、文字によるコミュニケーションも活発化した。特に百年戦争中は、対立する各勢力によるプロパガンダ・説教、噂・伝説などが、書簡、ビラ、マニフェスト、パンフレットなどのメディアによって盛んに流布され、ジャンヌの複数かつ多義的なイメージの形成を促した。第三に、ジャンヌに関する長期的な記憶(メモリア)の形成である。死後何百年もたってから「愛国者」「聖女」とたたえられるようになるジャンヌの歴史は、民衆の記憶と歴史叙述との弁証法的相互作用の典型であり、近年盛んになりつつあるパブリック・ヒストリー▲の観点からも興味深い。ただし、こうしたジャンヌの記憶をめぐる論争が、二十世紀のフランスにおいては彼女に関する学術的研究を行き詰まらせた点にも留意する必要がある。

以下の章では、ジャンヌの生涯を時系列に沿って記したのち、彼女に関する記憶の形成を現代にいたるまでたどることにする。まずはその前提として、彼女が歴史の表舞台に登場するオルレアン包囲戦にいたる百年戦争の展開から語り起こすことにしたい。

▼パブリック・ヒストリー　「公共の歴史学」等と訳される。一九七〇年代以降に米英で活発になった歴史学の潮流。歴史の専門家による独占を批判し、一般に開かれた歴史学、歴史実践を標榜する。

①—ジャンヌ・ダルク登場以前の百年戦争

ジャンヌ・ダルクは一四一二年頃、フランス北東部のドンレミ村で生まれた。それは、十四世紀から十五世紀にかけてイングランド王家とフランス王家とのあいだで続いた百年戦争▲がアザンクールの戦い▲で第二の局面に突入する数年前のことであった。本章では、ジャンヌが歴史の表舞台に登場するまでの百年戦争の展開をその起源からたどる。

百年戦争の起源

百年戦争の起源▲を考えるには、一〇六六年のノルマン征服まで遡る必要がある。イングランドの王たちは、十四、十五世紀になっても、自分たちがフランスのノルマンディから来たウィリアム一世▲の子孫であることを忘れなかったが、彼らの故地であるノルマンディおよびロワール地方は、一二〇四年にカペー朝のフランス王によって征服されてしまった。その後、一二三〇年から一二四二年までの軍事的衝突を経て、一二五九年に英仏両王のあいだで締結されたパリ

▼百年戦争　両王家間の対立に端を発する戦争が長期に渡っていることは当時の人々にも認識されていたが、「百年戦争」の名称が用いられるようになったのは、十九世紀後半以降である。

▼アザンクールの戦い　一四一五年十月二十五日、フランス北部のアザンクールの近くでおこなわれた遭遇戦。重騎兵中心のフランス軍に対して、長弓兵中心のイングランド軍は数的には劣勢であったが、圧倒的な勝利を収めた。

▼百年戦争の起源　百年戦争の起源には、一〇六六年のノルマン征服以外にも、一二五九年のパリ条約、一二九四年のギエンヌ戦争など諸説ある。

▼ウィリアム一世（一〇二八頃～八七）　仏名ギヨーム。通称「征服王」。一〇三五年ノルマンディ公。一〇六六年、イングランドに侵攻。ヘイスティングスの戦いでハロルド王に勝利し、イングランド王に即位。

条約で、イングランド王ヘンリ三世▲はノルマンディとロワール地方を最終的に放棄し、フランス王ルイ九世▲の封臣として臣従礼▲をおこなう義務と引き換えにギエンヌ公領▲のみを大陸の所領として保持した。

この和平の基本的な枠組みは八〇年間、維持された。しかし、途中でギエンヌ公領をめぐる戦争(一二九四〜九八年)がおこった際、両者の和解のため、エドワード一世▲の長子(のちのエドワード二世▲)とフィリップ四世の娘イザベルとの婚約が定められ、一三〇八年に結婚が実現した。この結婚で英仏間の和平はひとまず維持されたが、これがのちの百年戦争の火種となることになる。

フランス王位継承の危機

百年戦争の直接の契機は、フランス王位継承の危機であった。一三一四年のフィリップ四世の死後、彼の三人の息子であるルイ十世、フィリップ五世、シャルル四世が相次いで国王に即位したが、彼らは皆、比較的若くして死去し、息子を残さなかった。この当時は、王女は事実上王位継承から除外されていた。そのため、一三二八年のシャルル四世の死の際に、直系男子が絶えると、傍系

▼ヘンリ三世(一二〇七〜七二) ジョン王の息子。一二一六年からプランタジネット朝イングランド第四代国王、アキテーヌ公。

▼ルイ九世(一二一四〜七〇) 通称「聖ルイ」。一二二六年からカペー朝フランス第九代国王。二度の十字軍遠征をおこない、死後に列聖。

▼臣従礼 中世西欧の封建関係において、家臣が主君へ服従を誓い、主君から封(土地や権利や官職)を得る際におこなう儀礼。

▼ギエンヌ公領 フランス西部のロワール川からピレネー山脈にかけて広がるアキテーヌ公領の南部。中心地はボルドーで、ワイン生産で知られる。

▼エドワード一世(一二三九〜一三〇七) ヘンリ三世の息子。一二七二年からイングランド王。

▼エドワード二世(一二八四〜一三二七) 一三〇七年からイングランド王。王妃イザベルらによって廃位された。

を遡り、フィリップ四世の甥のフィリップがヴァロワ朝初代のフィリップ六世として即位することになった。このときのイングランド王は、若いエドワード三世▲であった。彼は母イザベルの従兄弟のフィリップがフランス王位を継承したことに反対することなく、ギエンヌに関しては翌一三二九年に単純臣従礼、その二年後に優先臣従礼▲をおこなった。

　しかし、その後両王の関係は悪化する。フィリップ六世はイングランドに対抗するためスコットランドと同盟を結んだ。一三三七年二月、エドワード三世はイングランドにおける外国産毛織物の輸入を禁じ、イングランド産羊毛の輸出を停止した。フランス王に対して反抗的であったフランドル伯領▲を狙っての措置であった。また、エドワード三世は亡命中のロベール・ダルトワ▲を厚遇し、フィリップ六世によるロベールの身柄の引き渡し要求を拒否した。フィリップは「ギエンヌ公エドワード」を、逆臣として自らの法廷へ召喚したが、エドワードからの返答がなかったため、五月二十四日にギエンヌ公領の没収を宣告した。それに対抗して、エドワードは十一月に、「フランス王を自称するフィリップ・ド・ヴァロワ」へ挑戦状を送り、もはや戦争が不可避となった。

▼エドワード三世（一三一二〜七七）　エドワード二世とイザベルの息子。一三二七年からイングランド王とアキテーヌ公。

▼優先臣従礼　家臣は複数の主君をもつことが認められていたが、主君同士が対立した場合、家臣は優先臣従礼をおこなった主君への義務を優先しなければならなかった。

▼フランドル伯領　現在のベルギー北部、フランス北部の地域。中心都市はブルッヘやヘントなど。毛織物産業で栄えた。

▼ロベール・ダルトワ（一二八七〜一三四二年）　フィリップ六世の義弟。アルトワ伯領の継承を主張する裁判に提出した文書の偽造が発覚し、フランス王国を追放され、一三三四年にイングランドへ亡命した。

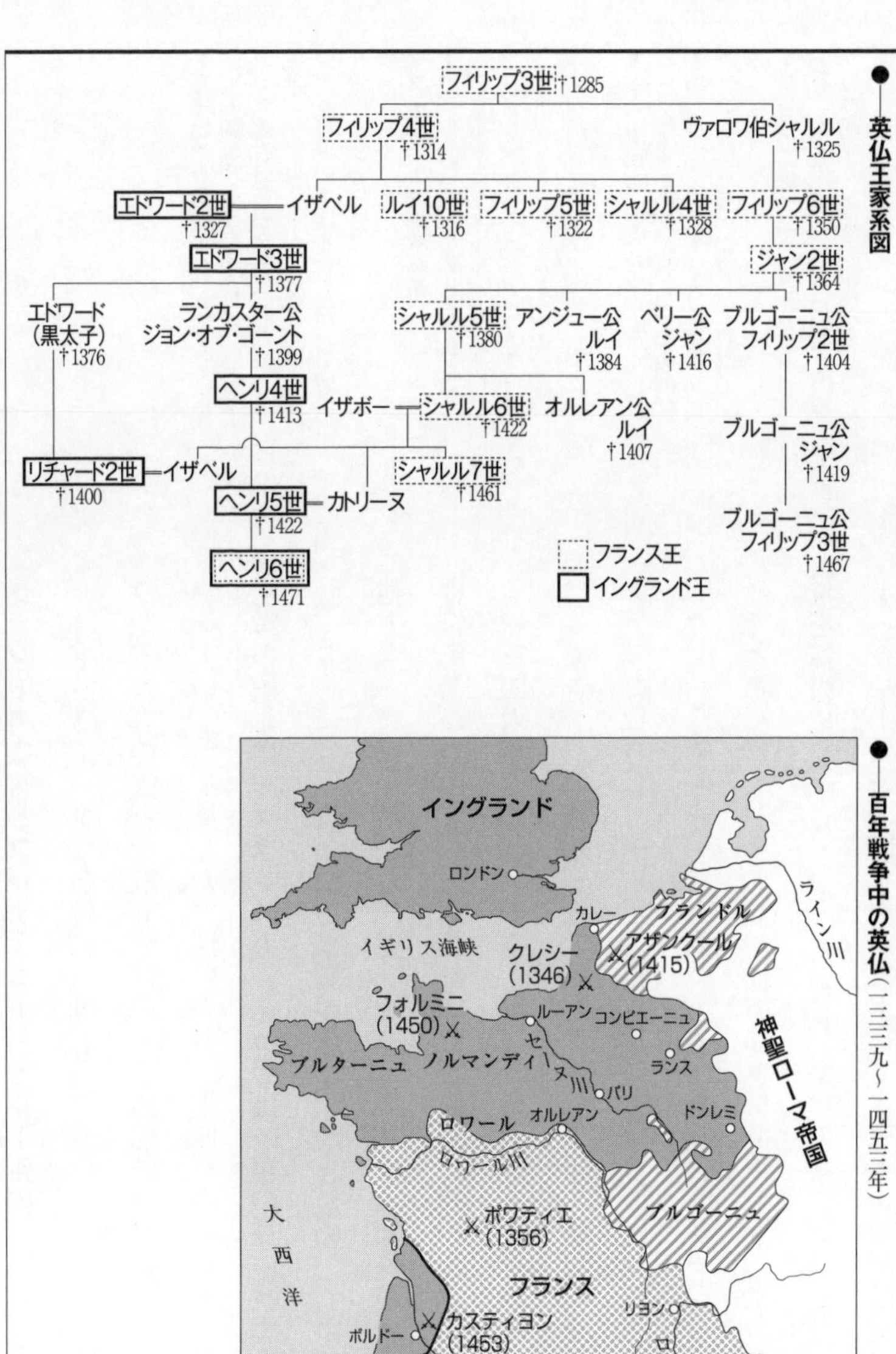

英仏王家系図

百年戦争中の英仏（一三三九～一四五三年）

イングランドの攻勢とブレティニー・カレー条約

エドワード三世は迅速に行動した。フランドルに上陸したエドワードは、フランドル人の支持を取りつけ、一三四〇年一月にヘントで「フランスとイングランドの王」を称した。▲同年六月二十四日のスロイスの海戦におけるフランス艦隊の敗北は、フランス人にとっては一連の長い敗北の始まりであった。しかし、九月には、英仏双方が財政難に陥ったため、二年間の休戦協定が結ばれた。他方、一三四一年からは、ブルターニュ継承戦争▲が、英仏両王家の代理戦争の性格を帯びつつ、一三六四年まで断続的に続いた。

一三四六年七月にエドワード三世は、ジョフロワ・ダルクール▲の共謀により、ノルマンディに侵攻した。イングランド軍の騎馬略奪は防衛が不十分なノルマンディを荒らし、一三四六年八月二十六日のクレシーの戦いでフランス軍を破った。一〇年後の一三五六年九月十九日にもイングランド軍がポワティエの戦いで大勝し、エドワード三世の長男エドワード(黒太子)がフランス王ジャン二世▲を捕虜にしてロンドンへ連行した。その後英仏間で締結されたブレティニー・カレー条約の取り決めによって、ジャン二世は莫大な身代金を支払って解

▼**百年戦争の開始年**　エドワード三世の挑戦状が送付された一三三七年、実際に戦闘が開始された一三三九年、エドワードが「フランスとイングランドの王」を称した一三四〇年などの説がある。

▼**ブルターニュ継承戦争**　ブルターニュの公位継承をめぐる、フランスが支持するシャルル・ド・ブロワと、イングランドが支持するジャン・ド・モンフォールとのあいだの争い。

▼**ジョフロワ・ダルクール**　サン・ソヴール副伯。自らの結婚問題をめぐってフィリップ六世と対立し、フランドル地方へ亡命していた。

▼**ジャン二世**(一三一九〜六四)　通称「善良王」。一三五〇年からヴァロワ朝フランス第二代国王。

クレシーの戦い（一三四六年）　フロワサール『年代記』の写本挿絵（十五世紀）。右手前の長弓兵はイングランド軍の主力で、三頭のライオンと百合の旗印は「イングランドとフランスの王」を表す。

ポワティエの戦い（一三五六年）　フロワサール『年代記』の写本挿絵（十五世紀）。中央の王冠をかぶった人物が捕虜にされるフランス王ジャン二世。その右側の人物は息子でのちのブルゴーニュ公フィリップ二世。

放されたが、イングランド王への譲歩を余儀なくされ、アキテーヌ公領▲の主権を放棄した。しかし、この放棄と引き換えに、イングランド王はフランス王位継承権を放棄するという条項を、エドワード三世が実行することはなかった。

フランス王国の荒廃とシャルル五世の反撃

クレシーの戦いの敗北後、フランス王国では新しい災厄が出現していた。一三四八年以降、ヨーロッパ中で急速に蔓延した黒死病である。年代記作家フロワサールによれば、「世界の実に三分の一が死んだ」というこの疫病は、再流行▲を繰り返し、フランス王国の人口は一三四〇年代のピークのあとに減少し、一三七五年に最低となった。

さらに、ブレティニー・カレー条約が締結されると、両軍の部隊は解散され、収入を絶たれた兵士がフランス王国の各地で略奪をはたらいた。この兵士崩れ▲による治安の悪化も相まって、商業のリスクが増大し、経済危機を招くこととなった。

このような混乱のなか、シャルル五世▲の治世になると戦争が再開した。最初

▼アキテーヌ公領　十二世紀にアキテーヌ女公アリエノールが保持していた領域に相当し、ギエンヌ公領に加え、ポワトゥ、サントンジュ、ペリゴール、リムーザン、ケルシー、アジュネ、ルエルグなどを含む。

▼再流行　黒死病の再流行は一三六一年、一三六三年、一三六八年頃、一三七五年。

▼兵士崩れ　軍隊を解雇された元兵士・傭兵たち。「街道荒らし(ルーティエ)」や「皮剥団(エコルシュール)」などと呼ばれ、略奪をひかえるかわりに町や村から「保護税(パティ)」を徴収した。

▼シャルル五世(一三三八〜八〇)　一三五六年からフランス摂政、一三六四年から国王。通称「賢王」。増税によりエチエンヌ・マルセルの乱、ジャクリーの乱を招きつつも、財政を立て直した。

は非公式の小競り合いであったが、一三六九年六月三日にエドワード三世が「フランスとイングランドの王」の称号を再び名乗ったのに対して、十一月三十日にシャルル五世がギエンヌ公領をフランス王国の封土であるとしてエドワード三世から没収すると宣言すると、公式に戦争状態となった。シャルル五世は、ベルトラン・デュ・ゲクラン▲ら有能な指揮官を登用し、イングランド軍との決戦を避けて焦土作戦に徹する新たな戦略を採用し、ブレティニー・カレー条約でイングランド側に譲渡した土地のほぼすべての回復に成功した。

シャルル六世の統治

一三八〇年にシャルル五世が死去すると、その長子シャルル六世▲が一二歳で国王に即位した。摂政として統治をおこなったのは彼の父方の叔父たち、すなわちアンジュー公ルイ、ベリー公ジャン、ブルゴーニュ公フィリップ▲、そして母方の伯父であるブルボン公ルイであり、なかでも事実上の権力を行使したのがブルゴーニュ公であった。彼はフランドル伯ルイの娘マルグリットと結婚し、一三八四年、フランドル伯領を相続した。さらに、カンブレー二重結婚▲を通じ

▼ベルトラン・デュ・ゲクラン（一三二〇頃〜八〇）　ブルターニュの貴族。一三六四年にコシュレルの戦いでナバラ王カルロス二世に勝利。ロングヴィル伯。フランス元帥（コネタブル）。

▼シャルル六世（一三六八〜一四二二）　一三八〇年からヴァロワ朝第四代フランス国王。

▼ブルゴーニュ公フィリップ（一三四二〜一四〇四）　通称「豪胆公」。フランス国王ジャン二世の息子。一三六三年からヴァロワ家初代ブルゴーニュ公。

▼カンブレー二重結婚　一三八五年四月十二日にカンブレーにおいて挙行された二組の結婚。ブルゴーニュ公フィリップと、エノー・ホラント・ゼーラントの三伯領の領主であるバイエルン公アルブレヒト一世が、前者の長男ジャンと後者の三女マルグリット、前者の長女マルグリットと後者の長男ヴィルヘルム二世という互いの子女を縁組させ、同盟関係を結んだ。

て神聖ローマ帝国における地歩を築き、一三八五年にはシャルル六世とバイエルン公の長女イザボーとの政略的な結婚を画策し、実現させた。

一三八八年にシャルル六世は二〇歳に達し、叔父たちを国政の場から遠ざけた。しかし、親政の時期は長続きしなかった。ブルターニュ継承戦争は一三六五年のゲランド条約によっていったんは終結していたが、一三九二年にブルターニュ公ジャン四世がフランス王に対して反乱をおこし、その鎮圧に向かう途上で王シャルルは精神疾患の最初の発作に襲われたのである。そのため王の叔父たちが政権を再び掌握し、ブルゴーニュ公は、領有するフランドル伯領の経済的繁栄に不可欠な、イングランドとの和平の復活をめざした。他方、イングランド王リチャード二世▲は、ランカスター公ジョンら主戦派の叔父の後見から解放され、和平策を推進したため、シャルル六世の精神疾患にもかかわらず、交渉は進展し、一三九六年に二八年間の休戦条約が結ばれた。

一三八〇〜一四〇〇年代は、人口の回復に加えて、軍事活動の減少のため、経済の一時的好転がもたらされた。一四〇〇年代のパリでは芸術が開花し、一四〇四年にクリスティーヌ・ド・ピザン▲は、「これまでフランス王国が（今ほど）

▼リチャード二世（一三六七〜一四〇〇）　プランタジネット朝イングランド最後の国王。

▼クリスティーヌ・ド・ピザン　一三六四年ヴェネツィア生まれ。ヨーロッパ最初の女性職業文筆家と呼ばれる。代表作は『婦女の都』など。

豊かで平和だったことはない」と記した。

フランスの分裂

十四世紀末から十五世紀初頭にかけて、英仏では有力者の世代交代がおこった。イングランドでは、一三九九年にランカスター公ジョンが死去すると、息子のヘンリがリチャード二世を廃位して、王位を簒奪した。新王ヘンリ四世▲は戦争再開派であった。

フランスでは、シャルル六世の精神疾患がますます重篤となるなか、一四〇四年にブルゴーニュ公フィリップが亡くなった。後を継いだブルゴーニュ公ジャンは、従兄弟の王弟オルレアン公ルイと権力闘争を繰り広げた。政治的対立は暴力に発展し、ついに一四〇七年、オルレアン公は、ブルゴーニュ公の手下によって暗殺された。こうして形成された敵対する二つの派閥は、ブルゴーニュ派とアルマニャック派▲と呼ばれるようになり、フランス王国を内戦状態に陥れた。

一四一三年二月、ブルゴーニュ公に好意的なパリ市民は、アルマニャック派

▼ヘンリ四世（一三六七～一四一三）　ランカスター朝イングランド初代国王。

▼ブルゴーニュ派とアルマニャック派　「ブルゴーニュ派」はブルゴーニュ公に与する党派の呼び名である。他方、暗殺されたオルレアン公の長男シャルルが一四〇九年にアルマニャック伯ベルナールの娘ボンヌと結婚すると、伯ベルナールは「ブルゴーニュ派」と対立する党派（旧「オルレアン派」）の長となったため、「アルマニャック派」の呼称が生じた。

政府に対して反乱をおこした（カボシュ危機）。結局、同年八月以降、アルマニャック派は権力を取り戻したが、この際に王国の改革をめざした「カボシュ令」の起草に尽力したのが、ピエール・コーションであった。のちにジャンヌ・ダルクの異端裁判を主宰する人物であるが、当時はパリ大学に在籍し、コンスタンツ公会議▲にブルゴーニュ派の代表団の一員として派遣されてもいる。

イングランドによる侵攻

この間の一四一三年、イングランド王ヘンリ四世は死去し、息子がヘンリ五世▲として即位した。父親同様に主戦派のヘンリ五世は、一四一五年八月十二日、セーヌ川の河口に上陸し、九月二十二日にアルフール港を奪取した。この事態に、派閥争いに明け暮れていたフランス側も一致して応戦する意思を固めたものの、十月二十五日にアザンクールの戦いで敗北を喫する。ここに百年戦争は第二局面に入った。一四一二年頃に生まれたジャンヌ・ダルクは、このときまだ三歳ぐらいであった。

一四一七年六月二十九日のサン・ヴァースト・ラ・ウーグ沖でのフランス艦

▼**コンスタンツ公会議** 一四一四〜一八年。当時の西欧キリスト教世界の喫緊の問題であったシスマ（教会大分裂）解決のために開かれた。三人の教皇を廃位し、新しくマルティヌス五世を教皇の座につけ、シスマを解消した。また、ボヘミアの改革派ヤン・フスを異端者として火刑に処した。

▼**ヘンリ五世**（一三八六〜一四二二） ランカスター朝第二代イングランド国王。

▼**モン・サン・ミシェル**　サン・マロ湾内の「聖ミシェルの山」を意味する小島。十世紀半ばに修道院が建てられ、しだいに巡礼者を集めた。十四世紀半ばには防備が強化され、戦略的要地となり、聖ミシェルはフランス王国の守護聖人とみなされた。

▼**シャルル七世**（一四〇三〜六一）　一四二二年からヴァロワ朝第五代フランス国王。通称「勝利王」。

モントロー事件（一四一九年）　モントロー橋上でのブルゴーニュ公ジャンの暗殺。モンストルレの『年代記』写本挿絵（十五世紀）。

隊の敗北後、フランス軍はもはやイングランドの進軍を止めることができなくなった。ヘンリ五世は、祖先が失った領地の回復を望み、ノルマンディ征服作戦を実行に移した。同年八月一日、イングランド軍はノルマンディに上陸し、九月十九日にカーンを占領した。ルーアンは一四一八年七月から翌年一月にかけて六カ月にわたる包囲戦ののち降伏した。モン・サン・ミシェル▲だけが抵抗を続けていたが、ノルマンディの残りの地域に関しては、三三年間におよぶ占領時代が始まったのである。

トロワ条約締結

ヘンリ五世の野心はノルマンディにとどまらなかった。彼の野望は、曾祖父エドワード三世が望んだようにフランス王国全土を手中に収めることであった。その後の事態はますますヘンリにとって好都合に展開した。一四一九年九月十日にブルゴーニュ公ジャンが、一六歳の王太子シャルル（のちのシャルル七世▲）の面前でアルマニャック派によって暗殺された（モントロー事件）。後継のブルゴーニュ公フィリップはヘンリ五世との交渉を受け入れた。この交渉では、精

▼「**恥ずべき条約**」　ジュヴェナル・デ・ジュルサンの年代記で用いられた表現。他方、イングランド王やブルゴーニュ公の支持者にとっては「最終的で全般的な和平」条約であった。

神疾患に陥っていたシャルル六世に代わり、王妃イザボーが重要な役割を果たし、一四二〇年五月二十一日にトロワ条約の調印にいたった。

この条約の条項では、王太子シャルルは「ヴィエノワの自称王太子」と記され、王位継承から遠ざけられた。一方、独身だったヘンリ五世は、シャルル六世の娘カトリーヌ・ド・フランスと婚約し、フランス王の後継者となった。六月二日にトロワで両者の結婚式がおこなわれ、翌年十二月六日には後継者であるヘンリ（将来のヘンリ六世）が誕生した。

このトロワ条約は、フランスの歴史家によって「恥ずべき条約」▲として忌み嫌われてきた。一四二〇年頃には八歳にすぎなかったジャンヌ・ダルクも、家族や村人からこの条約の噂を聞いたかもしれない。実際には、この条約はブルゴーニュ公とイングランド王のあいだの同盟の結果であり、当時の政治的軍事的状況を考慮した現実的な解決の企てであったといえる。もしこの条約が完璧に履行されていれば、英仏両王国の国土の大きさと富の差からいって、いずれはフランスを中心とした英仏合同王国の成立をみたかもしれない。しかしそのためには、イングランド王がフランス王国全体を支配する必要があった。

●—ジャンヌ・ダルク登場時のフランス王国(一四二九年)

●—ドンレミ周辺図

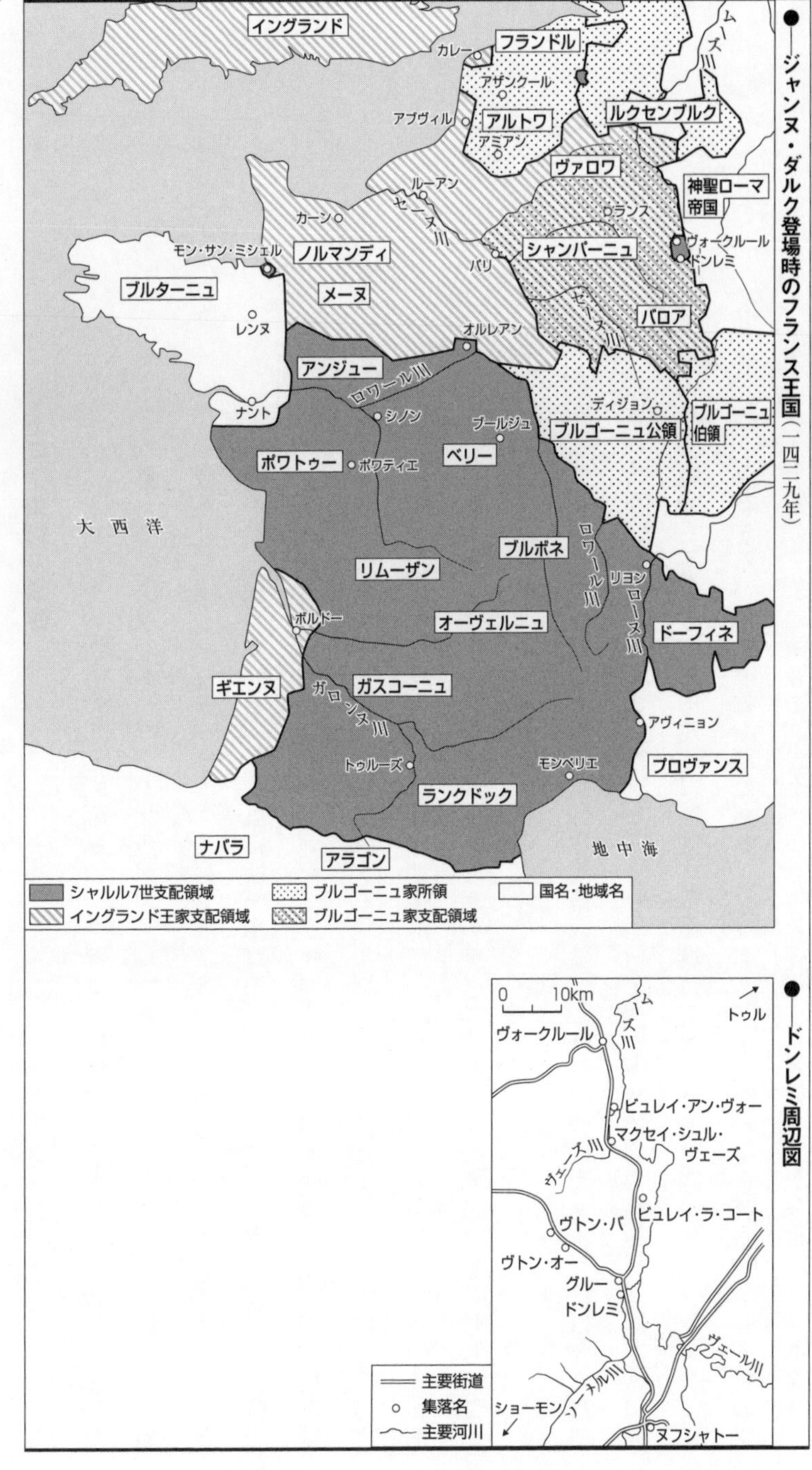

トロワ条約の影響

トロワ条約がもたらした帰結は、フランス王国の分裂と、三つのまとまった勢力圏の出現であった。①北西部のノルマンディとその周辺はイングランドの支配下にあり、ブルターニュだけが、ブルターニュ公ジャン五世のもとで比較的中立を保っていた。②北東にはブルゴーニュ公が支配するブルゴーニュ公領とフランドル伯領が広がっていた。ブルゴーニュ公の所領は、王国の国境を越えて、神聖ローマ帝国内に位置するブルゴーニュ伯領とエノー伯領にまでおよんでいた。③ロワール川以南は地中海にいたるまで、王太子シャルルの支配下にあった。王太子はブールジュ、ポワティエ、シノンのあいだを移動し、この領域は「ブールジュ王国」と呼ばれた。

しかしながら、王国の東部辺境地域は、これら三つのまとまりには含まれていない。「ロレーヌ辺境」と呼ばれたこの地域の政治的封建的状況は非常に複雑である。ムーズ川左岸に位置する領域は、フィリップ四世以来フランス王に帰属するバル公領の一部である。ジャンヌ・ダルクが生まれたドンレミ村の南半分も、この領域に位置する（一九頁参照）。ドンレミ村から北に一〇キロメートルのところに、同村の北半分を支配するヴォークルールの城塞がある。一三六五年以来、ヴォークルールの城主領は王領地に属し、その隊長ロベール・ド・ボードリクールは、王太子シャルルに忠実で、トロワ条約を受け入れなかった。

フランス王国の相続をめぐる争いの再開

結局、トロワ条約で定められた相続は実行されなかった。条約で王国の推定相続人に定められたヘンリ五世は、一四二二年八月三十一日、三一歳で死去した。義父シャルル六世も同年十月二十一日に五四歳で死去した。王国の相続は、ヘンリ五世の息子ヘンリ六世によってなされた。王太子シャルルもシャルル七世を名乗り対抗した。即位当時かろうじて九カ月の新王ヘンリを支えたのは、叔父ベッドフォード公ジョンであった。ジョンはフランス摂政の称号を帯び、以後の一三年間、辣腕を振るうこととなる。彼はノルマンディの貨幣改革を成功させ、一四二四年八月十七日にはヴェルヌイユの戦いでシャルル七世派に勝利した。同年にモン・サン・ミシェルの本格的な包囲が始まる。一三歳頃のジ

▼ロベール・ド・ボードリクール（一四〇〇頃〜五四）　ボードリクール、ブレーズ、ビュシ、ソルシの領主。一四二〇年にヴォークルールの隊長に任命された。

▼ヘンリ六世（一四二一〜七一）　一四二二〜六一年、七〇〜七一年にランカスター朝最後のイングランド王。二二〜五三年のあいだはイングランド王とフランス王を同時に名乗った。

▼ベッドフォード公ジョン（一三八九〜一四三五）　イングランド王ヘンリ四世の三男、ヘンリ五世の弟。初代ベッドフォード公。

ヤンヌが大天使ミシェルらの声を最初に聴いたのはこの頃であった。

同時期に、ジャンヌとその家族は実際に戦争に巻き込まれている。一四二五年頃、兵士崩れがドンレミの住民の家畜を略奪した。一四二八年には、ブルゴーニュ派の軍がヴォークルールの城塞に遠征。ジャンヌと他の村民は、一九キロメートル南の防備された都市ヌフシャトーへの避難を余儀なくされ、ジャンヌ一家は同地の宿屋「ラ・ルース」にしばらく滞在することになった。結局、ヴォークルールは占領されることはなく、ボードリクールはブルゴーニュ派と和平を結んだ。

オルレアンの包囲

この頃、ベッドフォード公は、ロワール川以南▲への侵攻を目論み、「ブールジュ王国」の入り口にあたる要衝である都市オルレアンの包囲を始めた。オルレアンは一四二八年十月十二日以来、イングランド＝ブルゴーニュ連合軍の包囲下におかれる。しかし、包囲側が常に戦いを優位に進めたわけではない。同二十七日にイングランド軍司令官ソールズベリ伯が戦死し、翌二九年二月には

▼ロワール川以南　ギエンヌ公領は、依然としてイングランドが保持していた。

包囲軍への補給の妨害を試みたオルレアン軍を退けたものの（鰊の日の戦い▲）、四月にはベッドフォード公とブルゴーニュ公の対立からブルゴーニュ軍が離脱した。四月五日の時点でベッドフォード公がイングランド本国に要求していた増援が到着するのは数カ月先のことであり、予備兵力を投入しても、オルレアンの完全封鎖には不十分であった。他方、オルレアン側は、少しずつ増援を受け入れ続けた。有能な指揮官を欠くイングランド軍は、敵の補給を遮断しつつも、攻めあぐねていた。こうして四月末には戦況は膠着状態に陥っていた。ジャンヌがオルレアンに到着したのは、このような時期であった。

▼**鰊の日の戦い**　戦いの起きた一四二九年二月十二日は四旬節にあたり、輸送部隊は肉ではなく、塩漬けの鰊を積んでいた。なお、ジャンヌがこの敗北を預言し、ボードリクールを説得したという説には根拠がない。

②―ジャンヌの登場とオルレアンの解放

ジャンヌとその家族

ジャンヌは一四一二年頃ドンレミ村で生まれた▲。母はイザベル・ロメ。名字のロメはローマ巡礼にちなむとされてきたが、近年の研究では、トゥルの北西にある「ロメ沼」に由来するとされている。父はジャック・ダルク▲で、名字のアルクは「橋」を意味し、出身地に関しては諸説あり、農奴身分であったとする説もある。しかし、石造家屋と犂耕用の土地と家畜を保有する比較的裕福な農民であった。村の名士でもあり、村落共同体の代表を何度か務めたほか、領主のためのタイユ税の徴収、パンやワインの計量をおこなっていた。

ところで、ジャンヌ・ダルクという名が使われるのは叙爵状や裁判記録等の公文書においてのみであり、年代記や日記等同時代の叙述史料では単にジャンヌか乙女(ラ・ピュセル)とのみ記されている。また、ジャンヌ自身は村でジャネットと呼ばれていたと裁判時に証言している。

▼ジャンヌの出生日　出生記録の類いがないため、ジャンヌの正確な出生日は不明である。一四三一年の異端裁判の時点で、彼女自身が自分の年齢について「一九歳ぐらい」と述べており、逆算した一四一二年を出生年とするのが通説である。他方、日付に言及している唯一の史料であるペルスヴァル・ド・ブーランヴィリエのミラノ公への手紙には、誕生日は公現祭の日(一月六日)と記されているが、信憑性には乏しい。

▼ジャック・ダルク　夫婦のあいだにはジャックマン、ジャン、ピエールの三人の息子と、カトリーヌとジャンヌの二人の娘がいたことがわかっている。

ジャンヌの幼少時代

幼少時代のジャンヌは、当時の農村の娘らしく、糸紡ぎや裁縫など手仕事をし、ときには農作業をすることもあった。婚約者▲がいたことも知られている。村人の証言によれば、彼女は常に祈りを捧げ、土曜ごとに妹と近隣のベルモン村のノートルダム礼拝堂へ詣でるなど、その信心深さが際だっていたようだ。

ジャンヌ自身の証言によれば、彼女が一三歳のとき(一四二四~五年頃)、自宅の庭で「声」を聴いた。そして、おそらく一四二八年十二月か一四二九年一月に、その「声」に迫られ、村を離れて「フランス」へ行く決心をしたのだという。当時、兵士崩れの一団が村の一部と教会を焼き家畜を略奪したことや、イングランド軍によるオルレアン包囲の噂を聞いたことも動機となっただろう。家族と村人の目には、彼女は敬虔で、決断力に富み、自主性に溢れた風変わりな娘として映っていた。彼女が啓示を受けたという噂はすでに知れ渡っており、父ジャックは、兵士と出発する彼女の姿を何度も夢でみたという。娘の出奔は、村の名士である彼とその家族には不名誉に感じられたであろう。

▼ジャンヌの婚約者　異端裁判でのジャンヌの証言によれば、彼女が一六歳の時に、ある男による「結婚に関する訴訟」でトゥルの教会裁判所に召喚されたという。相手の名前は不明であり、ジャンヌ自身は婚約を否定しているが、親同士が婚約を取り決めていた可能性は高い。

▼隊長ロベール・ド・ボードリクールやロレーヌ公シャルル二世との面会　ジャンヌとボードリクールとの面会は二度おこなわれたと考えられている。一四二八年五月十三日頃がおそらく最初であり、一四二九年二月頃が二回目である。また、ロレーヌ公の病の治療の依頼をジャンヌは拒絶している。

▼ベルトラン・ド・プーランジー　一三九二年頃、貴族の家系に生まれた。ヴォークルールでジャンヌに会い、ジャン・ド・メッスとともに彼女の従者となる。

ヴォークルールからシノンへ

「声」を信じたジャンヌは、従兄とともにヴォークルールに赴いた。隊長ロベール・ド・ボードリクールやロレーヌ公シャルル二世との面会▲は必ずしも首尾よくいかなかったが、最終的にはボードリクールから国王宛の紹介状を得て、馬や武具などの装備を調え、従者を連れて一四二九年二月十二日か十三日の夜にヴォークルールを出発した。のちの従者の証言によれば、一行は敵地を横切り、イングランド軍やブルゴーニュ軍を避けるためにときには夜間に移動しながら、二月二十三日におよそ六〇〇キロメートル離れたシノンに到着し、シャルル七世に面会を求めたという。

この旅の際にジャンヌの男装が始まる。のちのベルトラン・ド・プーランジー▲の証言によれば、ジャンヌはヴォークルールで「(貧しい)赤い色の女の服」を着ていたが、旅の途中で目立たないようにするため、「従者の服とズボン、脚半と拍車」を与えられたという。彼女がシノンに着いたとき、「黒いプールポワンとつなぎのズボン、黒灰色の短いローブを着て、丸く短く切られた黒髪に黒い帽子」を被っていたという別の記録もある。しかし、彼女の特異さは、

ヴォークルールからシノンまで（一四二九年二月）

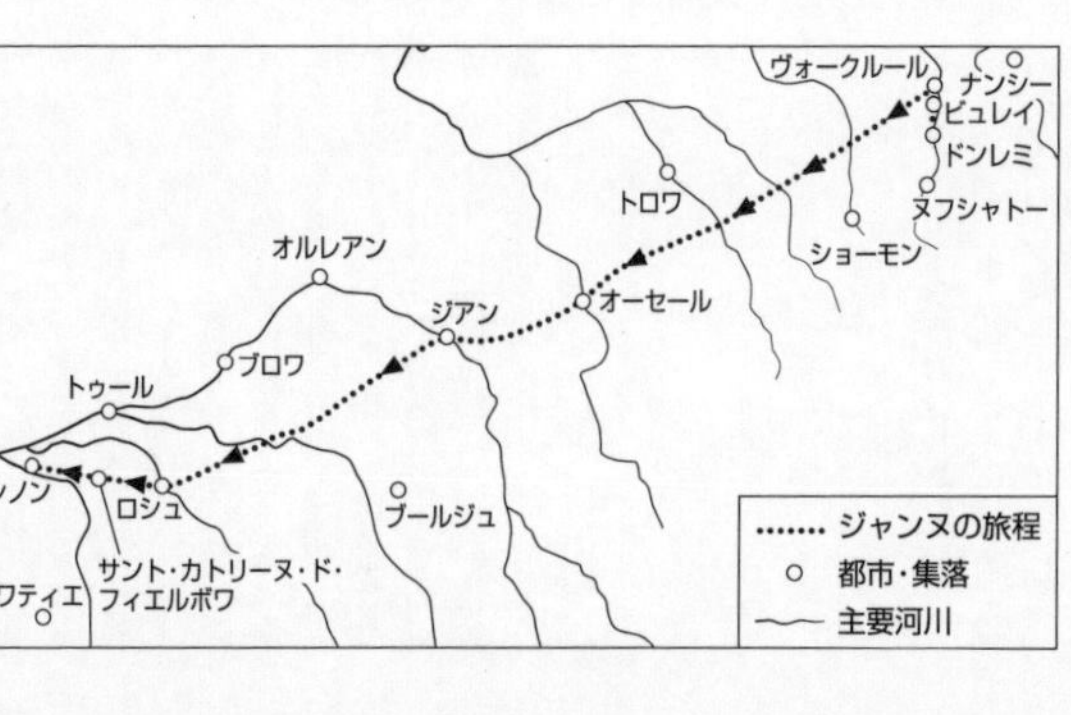

これが一時的かつ実用的な男装ではなく、彼女がその後常に男装していた点にあった。これには服装の象徴的な意味も関わっていたと想定してよい。当時の人々は、服装によって性別のみならず身分や職業までも容易に同定できた。仮にジャンヌが貧しい女性の服を着ていたならば、単なる農民の娘として王にあしらわれたであろう。男性の服を着たまま王との会見に臨むことで、彼女は農民の女性という自身の社会的制約から逃れることができたのである。

中世における預言者の役割

農民の娘ジャンヌがシノン城でシャルル七世と会見することができたのは、ボードリクールの紹介状のおかげであるとするのが従来の定説であったが、近年のボーヌらの研究が強調するのは、中世における預言者の役割、そしてジャンヌがまず預言者として迎えられた事実である。戦争、重税、疫病、大シスマがキリスト世界を席巻した十四世紀後半から十五世紀半ばの時期、預言者の伝統▲が復活した。多くの人々にとって、これらの度重なる災厄は神の怒りの印にほかならず、預言者の口を通して神が災厄を鎮める方法を人々に知らしめてい

▼預言者の伝統　『旧約聖書』には多数の預言者が登場する。彼らは神から遣わされた者であり、人々の信仰が神から離れるたびに世に現れて、正しい道に立ち戻るよう説く。

ると理解された。中世の預言者は民衆の集合的な不安を権力者に伝える媒介者であった。実際、十四世紀半ば以降、二〇人ほどの預言者がフランス王の元を訪れ▲、非常に具体的な内容の啓示を知らせた。預言者の口を通じ、神は国王に税を軽減させ、宮廷の乱れた風俗を改めさせ、そしてイングランドと和平を結ぶように命じたのである。

ポワティエの審問

国王との謁見後、一四二九年三月から三週間にわたって、ジャンヌの預言者としての適性や品行に関する審問がポワティエで開かれた。神学博士ら聖職者以外に、長老・軍人などの俗人、寡婦やその他の女性も質問や観察に加わった。ジャンヌが農民の娘であり、王国の辺境に住んでいたことは、当時の預言者の大部分の特徴に合致した。当時の通念では、神は自らの意思を伝える者に、しばしば貧者や女性を選ぶとされた。ジャンヌが女を装った男でなく処女であることは、ヨランド・ダラゴン▲主導の検査によって示された。処女性はジャンヌの意図の純粋さを保証し、彼女の信憑性を堅固なものにした。ただし、『旧約

▼フランス王の元を訪れた預言者　女預言者の一人カトリーヌ・ド・ラロシェルは、一四二九年十月にベリー地方のモンフォーコン城でジャンヌと会い、自分が「金色の織物を被った白衣の婦人」のお告げで、国王の伝令とともに町をめぐり、ジャンヌの兵士の報酬にあてる金を人々から集めるよう命令されたと主張し、ブルゴーニュ公との和平を提案したが、ジャンヌに拒否された。その後、カトリーヌは捕縛され、パリの教会裁判所で尋問を受けた。

▼ヨランド・ダラゴン（一三八四〜一四四二）　アラゴン王ファン一世の長女。アンジュー公ルイ二世妃。長女マリーはフランス王シャルル七世妃。

聖書』において異性装の禁止▲が規定されていることから、ポワティエの神学者たちが男装を容易く受け入れることはなかったが、彼女が「乙女」と自称している以上、男性の振りをするための異性装だと責めることもできなかった。最終的に、王やその顧問たちは、神の使者は大義のために男性の衣服を着用することが許されると解釈し、ジャンヌの男装を黙認したのだろう。

「フランスは一人の女性によって滅びるが、辺境ロレーヌの一人の処女によって再建されるであろう」。ジャンヌの生まれ故郷で流布していたこの預言は、マリアがイヴの原罪を贖うというキリスト教的観念を起源とし、十四世紀末にスウェーデンのビルギッタ▲が預言として語ったものであった。ジャンヌはすでに流布していた預言を利用したのだったが、この預言はヴォークルールでは効果を発揮したものの、フランスのほかの地域では知られておらず、何よりもシャルル七世に好まれなかった。シャルルの母イザボーへの中傷▲と結びつけられ、自身が庶子だという噂を肯定する恐れがあったからである。

他方、当時はジャンヌに適用可能な預言文学が豊富にあった。特にモンマスのジェフリー▲による『ブリタニア列王史』から抜粋されたマーリンの預言「若

▼異性装の禁止　「女が男の着物を身にまとうことがあってはならない。男が女の着物を着ることがあってはならない。これらのことを行う者はすべて、あなたの神ヤハウェが忌み嫌うものだからである」『申命記』二二章五節（岩波書店）。

▼ビルギッタ（一三〇三頃〜七三）　スウェーデンの幻視家、聖人。シトー会に属し、ビルギッタ会を設立した。

▼イザボーへの中傷　彼女が王弟オルレアン公ルイらと不義の関係にあった、という噂がブルゴーニュ派によって流布されていた。

▼モンマスのジェフリー（一〇九五頃〜一一五五頃）　ウェールズまたはウェールズ辺境生まれの聖職者。著作は「アーサー王物語」群の形成に影響を与えた。

い娘がカニュの森からやって来て、処女がサジタリウスの背に下りてくるだろう。そして無垢な花を隠すだろう。」は、「（若い娘・処女である）ジャンヌが、シュニュ（ドンレミ村の楢）の森からやって来て、イングランド人弓兵（サジタリウス＝射手座）と戦い、フランス王（無垢な花＝王家の紋章の百合）を救うだろう」と解釈された。ただし、のちの裁判の証言によれば、ジャンヌ自身はこの預言を信じていなかったという。

ポワティエの審問記録そのものは現存せず、神学者たちの最終的な意見の要約のみが残っている。それによれば、ジャンヌには「謙譲、純潔、献身、率直、素朴」だけが認められたため、「王国の必要に鑑み」彼女を拒絶すべきではないが、預言の印を求めるべきである、とされた。ただし、ジャンヌが主張する聖女や天使の「公現」、「声」および「啓示」の内容については、この文書からは注意深く省かれている。預言者としての彼女が示す印は、オルレアンの解放であった。通常はすでに成就した預言を印として示すことで預言者としての信憑性を訴えるところだが、その順序を逆にしたところにジャンヌの独自性があった。ジャンヌの出自や振る舞いは典型的な預言者像によく当てはまってはいるが、神からの使者としての受動的な役割に甘んじなかった点が先行者とは一線を画する。勝利を予告し、自身でそれに積極的に参加しようとしたのである。

以上の神学者たちの結論は国王顧問会議で読み上げられ、三月末にジャンヌに預言の実現の機会を与えることが決定された。この時点から七月までに、国王尚書部はこの結論といくつかの預言とを王国中に流布させることになる。

オルレアンへの出発準備

オルレアン解放の任務を遂行するにあたり、国王と顧問たちはジャンヌに騎士の装いを許し、従者、馬、武具が誂えられた。ジャンヌの下には、ヴォークルールから彼女に随行してきた兵士二名に加え、新たに従騎士一名、従卒二名、軍令使二名、聴罪司祭と会計係の各一名がつけられ、さらにジャンヌの兄たちジャンとピエールもこれに加わったであろう。総勢一一名の親衛隊である。彼女はすでにアランソン公から馬を一頭贈られていた。また、おそらく四月前半にトゥールにおいて、国王から甲冑を受領したが、剣は固辞し、サント・カトリーヌ・ド・フィエルボワの教会にある別の剣を所望した。この教会は、捕虜

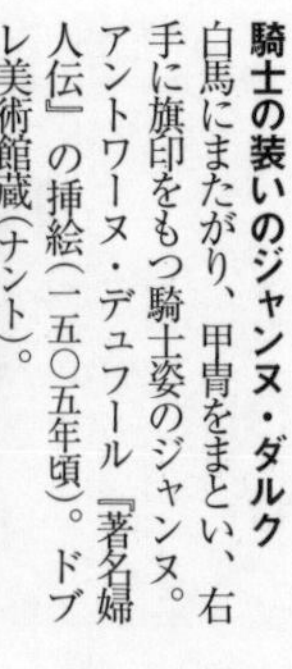

騎士の装いのジャンヌ・ダルク
白馬にまたがり、甲冑をまとい、右手に旗印をもつ騎士姿のジャンヌ。アントワーヌ・デュフール『著名婦人伝』の挿絵(一五〇五年頃)。ドブレ美術館蔵(ナント)。

長三角旗　オルレアン解放後に、ロシュでジャンヌ(中央)を迎えるシャルル七世(左から二番目)。オルレアン市所蔵写本挿絵(十五世紀)。

の守護聖人である聖カトリーヌに捧げられ、多くの騎士が自身の武具を奉献物として寄進した。ジャンヌはシノン到着前にこの教会を訪れ、剣の在処を知っていたと考えられる。「アーサー王物語」にみられるように、中世の文化において、神秘の剣の発見は神に選ばれた印である。はたして剣は祭壇の後ろに埋められており、奇跡的に発見された、と喧伝された。さらにジャンヌはトゥールで旗印と受胎告知が描かれた長三角旗とを製作させた。のちに聴罪司祭が、「わが主が天の雲の中で最後の審判の座に坐している像が描かれ、また主が祝福する百合の花を手にもつ天使が描かれている」と証言している通り、描かれた場面は黙示録の表象であり、王家の紋章を想起させる政治的なメッセージを発していた。軍事的観点からは、旗の所有によりジャンヌは軍隊の隊長の資格を与えられた。裁判時の「剣よりも旗の方が四〇倍も好きだった」との証言は彼女の旗印への愛着を示す。ジャンヌは、自身の性と伝統的な預言者のモデルを否定し、公的な発言権と行動の自由を確保するために騎士のモデルを採用し、自身の使命を完遂するまで男装を通したのである。

イングランド人への手紙

ジャンヌがポワティエにいた頃、有名な「イングランド人への手紙」が作成された（三五頁参照）。三月二十二日付けのこの手紙はフランス語で書かれ、ジャンヌが自身の意図を公にし、イングランド人に対する挑戦と勧告をおこなうという体裁をとる。手紙の冒頭には、十字で挟まれた「イエズス　マリア」の銘句がおかれ、「イングランド国王▲」、「フランス国王摂政を名乗る」ベッドフォード公、三人の「ベッドフォード公の代官を称する」者たち、という宛名が続く。まず、ジャンヌは「天国の王である神から遣わされた乙女」と名乗り、彼らに「フランスで占領し侵犯した忠誠都市▲の鍵を返せ」と命じた。また、自らの預言者の地位と「真の世継ぎ」シャルル七世のフランス王位継承の正統性を示し、自身の啓示は将来のオルレアンの解放とパリの占領を告げていると主張する。さらに、戦場での勝利を「天国の神の正義」の結果とみなし、「かつてキリスト教世界に存在しえた最大の快挙」、すなわち十字軍のための和平を提案するなど、戦争と平和に関するキリスト教的な観念が色濃く表れている。

ジャンヌがオルレアンへ出発する以前の四月頃、国王周辺からフランスの諸

▼イングランド国王　ヘンリ六世を指す。トロワ条約に従えば、イングランドとフランスの国王をかねるはずであるが、ジャンヌは彼のフランス王位、ベッドフォード公の摂政位とその代官職を認めていない。

▼忠誠都市　フランス国王に対して兵や税を負担する義務と引き換えに特権をえた都市の総称。「善良都市」とも訳される。

都市や外国の国王宛に書簡が送られ、大規模なプロパガンダ・キャンペーンが開始された。その正確な内容の復元は困難だが、近年の研究では、おそらく最終的には二〇点ほどに達するさまざまな関連文書から構成されていたと推定されている。そのなかには、前述のジャンヌに関する預言、ポワティエの神学者たちの最終意見の要約、「イングランド人への手紙」に加え、ジャンヌの物語と描写が確実に含まれていたはずである。

ジャンヌにまつわる物語の特徴

同時代の史料にさまざまに記録されたジャンヌにまつわる物語には、次のような共通項がみられる。①ジャンヌはヴォークルール近郊に生まれた羊飼いであり、年の頃は一四〜一七歳(史料によって異なる)である。②ロベール・ド・ボードリクールに会いに行ったが、最初は彼に信じてもらえなかった。③しばらくして彼は従者をつけてジャンヌを王に会いに行かせた。彼女が敵地を無事に旅したことは神の加護の印であった。④シノン城でのシャルル七世との最初の会見の前に、ジャンヌの正体が注意深く吟味された。⑤国王は会見を承諾し

●——「イングランド人への手紙」(一四二九年)

＋イエズス　マリア＋

《イングランド国王、フランス国王摂政を名乗るベッドフォード公、サフォーク伯ウィリアム・ポール、ジョン・タルボット、およびトーマスらベッドフォード公の代官を称する者たちへ。天国の王の御旨にかなわんことを。ここに天国の王である神から遣わされた乙女に、汝らがフランスで占領し侵犯した忠誠都市の鍵を返せ。乙女は真の王統を回復し擁護するために、神によって派遣されてきている者である。汝らがフランスから立ち去り、フランスで獲得したものの代償を支払い、乙女の意にかなうなら、乙女は常に和平をおこなう用意をもつものである。汝らのうち弓兵、歩兵、騎士、その他オルレアンを囲む人々は、神の命令に従って祖国に帰るように。もし汝らがこれを果たさぬ場合は、乙女からの便りを待っていなさい。乙女は、間もなく汝らの前に現われ、諸士に大損害を与えることとなろう。イングランド国王よ、もしあなたが右のような行動をとられぬ場合、私は隊長として、フランスにおいてあなたの部下を攻撃しうる限りどこであろうと、彼らの意志如何にかかわらず、彼らを立ち去らせに赴くであろう。彼らが従わない場合は皆殺しにするであろう。私は、身体を張ってフランス全土からあなた方を放逐するために、天国の王である神の命令によりここに遣わされている者である。彼らが従うというなら、彼等を祝福するであろう。決してこれに背いたことを考えてはいけない。あなたには、聖マリアの愛し子で、天国の王である神のフランス王国を保持することはできない。これを保持しうる者は真の世継ぎシャルルだからであり、天国の王である神が欲し給い、乙女によりシャルルに啓示されたことだからである。シャルルは部下達と共に晴れてパリに入ることであろう。あなたがもし神と乙女の名によるこの報せを信じようとせず、われらの意に沿わぬならば、われらはあなたを見出しうる限りいかなる場所でもあなたを襲い、一千年以来フランスに聞かれなかった偉大な勝ちどきをあげるであろう。天国の王は、あなたが全力をあげて乙女を攻撃してもおよばぬ力を、乙女ならびに乙女の善良な騎士達に与え給うことを決して忘れてはならない。天国の神の正義をいずれが多く享けることか、いずれ戦場で明らかになろう。ベッドフォード公よ、乙女はあなたに、攻撃されることのないよう願うものである。あなたがもし乙女の意に沿うならば、あなたは乙女の仲間となり、フランスの人々は、かつてキリスト教世界に存在しえた最大の快挙をおこなうことになるであろう。あなたがオルレアン市において和平を結ぶ意志があるなら、回答を送られたい。然らざる場合、あなたは時ならずしてあなたの負うた偉大な損失を想起せねばならぬであろう。聖なる週の火曜日。》

（高山一彦『ジャンヌ・ダルク処刑裁判』二〇八〜二〇九頁。一部改変。下線は筆者による）

羊飼いジャンヌ　十九世紀末にパリのパンテオンに描かれた連作「ジャンヌ・ダルク物語」(ジュール＝ウジェーヌ・ルヌヴー画)にも羊飼いのイメージが残っている。

たが、彼女に国王の替え玉である騎士と謁見させるという試練を課した。しかし、彼女は本物の国王をすぐに見破り、彼女の使命を伝えた。⑥最後に、国王と彼女のあいだに秘密が交わされ、彼は彼女に強い印象を受けたという。

これらの物語からは、国王側の用心深さが強調されつつも、すでにこの時点でジャンヌに預言者としての性格が付与されていたことがうかがえる。また、ジャンヌの出自が女羊飼いとされたのは、彼女を神の使いとして正当化する意図によるものであったことは明らかである。キリスト誕生の知らせが最初にもたらされたように、素朴な羊飼いは神を見るからである。しかし、ジャンヌは実際には農民の娘であり、のちの裁判において彼女自身も羊飼いであることを否定している。

他方、ジャンヌの肉体的な特徴が記録されることはまれであった。人々にとって関心があったのは、彼女の見た目ではなく、霊的な資質であったからである。もっとも、彼女が黒髪で、よく笑い、よく泣いたことは知られているし、のちの裁判の関連記録には、ジャンヌの耳の後ろに赤いシミがあったことも言及されている。謙虚で、恭しく、慎み深く、身なりは質素で黒衣を好んで着た

シノンからジアンまで(一四二九年四月末から六月末)

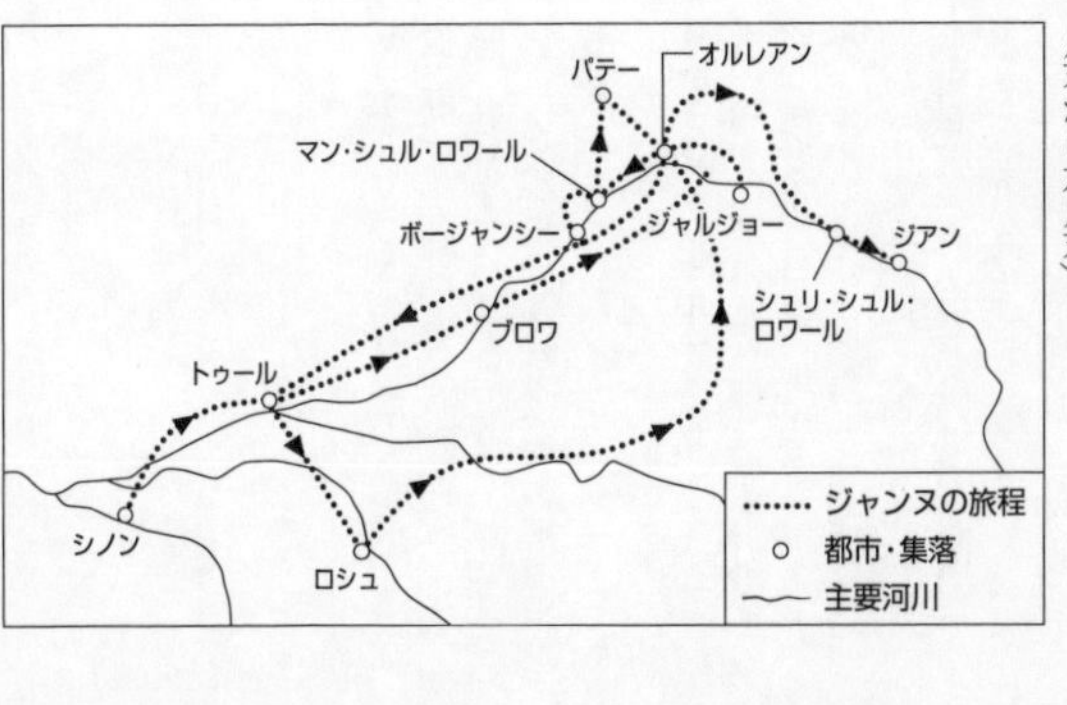

という道徳的美点が語られる一方で、裁判記録にみられるような、彼女の頑固さと短気な側面には触れられていない。

オルレアン解放とその影響

ジャンヌを含むフランス側の救援軍はブロワに集結し、四月二十七日にオルレアンに向けて進軍を開始した。二十八日から二十九日にかけて、ジャンヌはロワール川を渡り、輸送部隊とともにオルレアンへ入った。五月四日には救援軍がサン・ルー砦を落とし、オルレアンに入城した。ジャンヌの行動に関する証言はすべてのちの時期のもので細部が微妙に異なっているが、フランス軍の隊長たちは当初ジャンヌをまったく信用せず、大事な決定の場から遠ざけていたことがうかがえる。五日に開催された軍議にも、六日のオーギュスタン砦を奪取したあとの軍議にもジャンヌの姿はない。それに対しジャンヌは七日の早朝に新たに軍議を開き、前夜に隊長たちが決めた守備に専念するとした方針を覆してトゥーレル砦の攻撃を敢行した(三九頁参照)。ジャンヌが敵の矢で負傷すると、隊長たちは攻撃の中止を提案したが、彼女はそれを拒否して自らの旗印のもとに兵士を再結集させ、彼らを鼓舞し、砦の奪取を成し遂げた。イングランド軍は数百人の犠牲者を出し、翌八日にオルレアンから撤退した。ジャンヌはポワティエで求められた印を達成したのである。

オルレアンの解放は、フランス側のあらゆる希望を上回るものだった。シノンにいたシャルル七世は、五月十日からナルボンヌやトゥールーズやトゥルネーなど王国内の忠誠都市に手紙を送った。そのなかで「乙女」が今回のすべての作戦に参加したこと、オルレアン解放に彼女が果たした役割が強調された。もはや王国において誰もオルレアンの出来事を無視できなくなった。ジャン・ジェルソンら神学者やクリスティーヌ・ド・ピザンやアラン・シャルティエら詩人は、数週間のうちにジャンヌをたたえる論考や詩作を著した。政治的次元では、英仏両陣営のあいだで帰属を決めかねていたブルターニュ公がシャルルに加担することにつながった。七月末にはブルッヘ駐在のヴェネツィア商人たちのあいだに、ブルターニュ公の息子アルチュール・ド・リシュモンが三〇〇〇人のブルトン人とともにシャルルに従ったという噂が流れた。

ジャンヌは五月九日にオルレアンを離れた。この頃、シノンにいたシャルル

▼ジャン・ジェルソン（一三六三～一四二九）　神学者。一三九五～一四一五年までパリ大学総長。コンスタンツ公会議で教会大分裂の解消に貢献。

▼アラン・シャルティエ（一三八五／九〇頃～一四三〇頃）　詩人、外交官、雄弁家。ヨランド・ダラゴン、シャルル七世に仕えた。代表作は風刺詩『四貴女物語』（一四一六年）、風刺的散文『四人譏罵（ざんば）問答』（一四二二年）など。

▼アルチュール・ド・リシュモン（一三九三～一四五八）　ブルターニュ公ジョン四世とジャンヌ・ド・ナヴァラの息子。一四一五年、アザンクールの戦いでイングランド軍の捕虜となる。一四二五年にフランス軍元帥（コネタブル）に任命された。一四五七年からブルターニュ公。

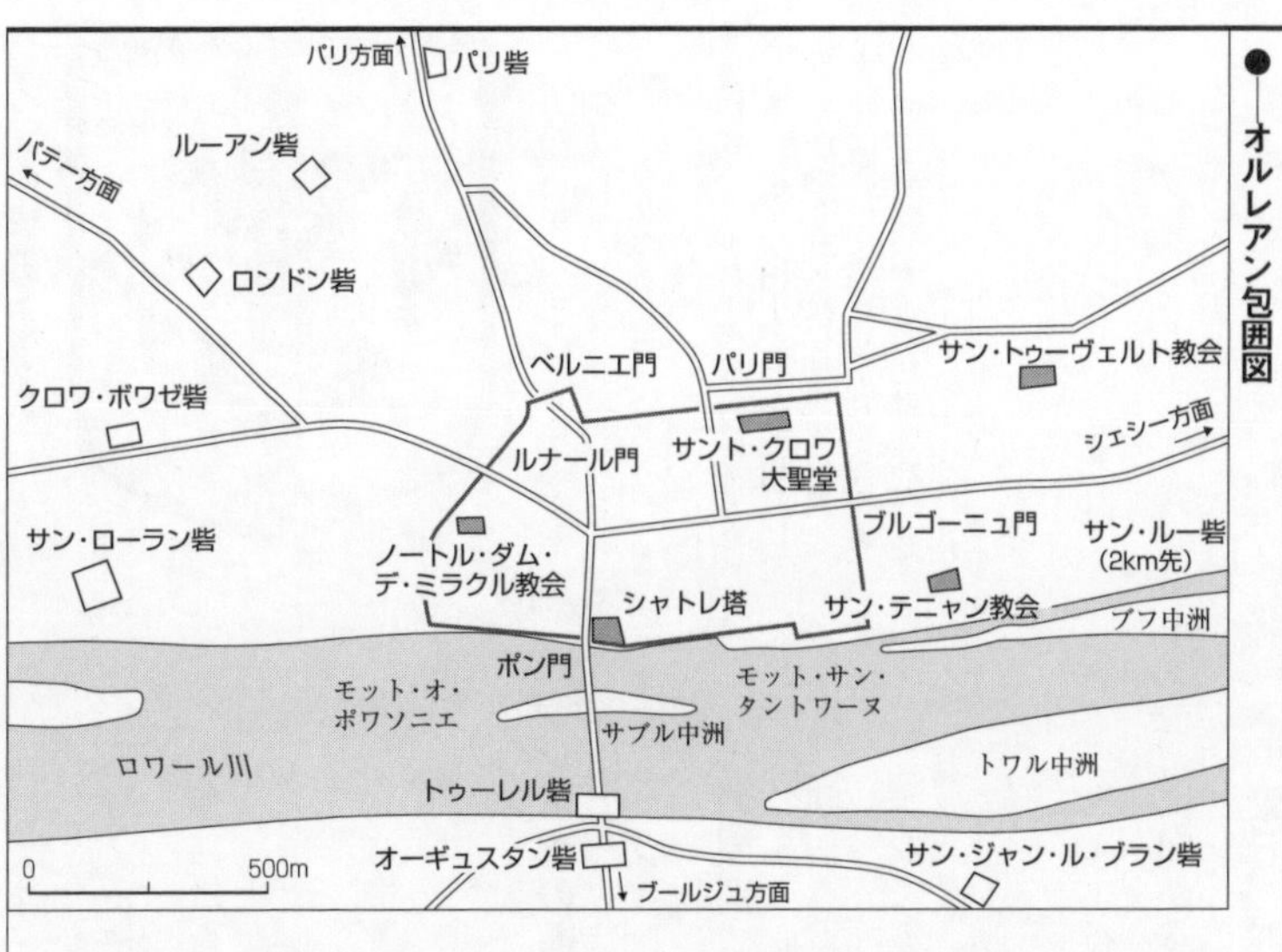

●オルレアン包囲図

●ジャンヌ騎馬像(オルレアン)

ジャンヌの紋章のスケッチ

▼**聖別式**　クローヴィスに遡るとされる、新たな国王がランス司教によって塗油される儀礼。「成聖式」とも呼ばれ、文字通り王冠を被る儀式である戴冠式と厳密には区別される。

七世は、おそらくジャンヌの功績をたたえるために、彼女に貴族身分と紋章を与える決定をしたと思われる。ジャンヌの紋章の中央には王冠と剣が、その両側には百合の花が描かれた。剣は王冠を支えるジャンヌ、百合の花はフランス王家とジャンヌの名を表すと解釈される。ジャンヌの名字の「ダルク」は、オルレアンでは百合を意味する「デュ・リス」と発音されるからである。

ランスへの進軍と聖別式

ジャンヌは、五月後半におこなわれた二度の会見でシャルル七世にランスでの聖別式▲を促し、王と側近はロワール川流域の拠点を奪回したのちにランスへ向かう方針をとることになった。フランス軍はベリー地方のセル・シュル・シェルに集結し、アランソン公ジャンが司令官に選ばれた。ジャンヌは軍の指揮権を与えられず、公の傍らにおかれた。軍隊は六月七日にセルを発ち、十二日にロワール川南岸のジャルジョーを占領した。その後、マンとボージャンシーに向かうと、ジョン・ファストルフ指揮下のイングランド守備隊は両拠点を放棄し、パリ方面へ脱出した。フランス軍にはリシュモン元帥が加わり、ジャン

ジアンからランスまで（一四二九年六月末から七月）

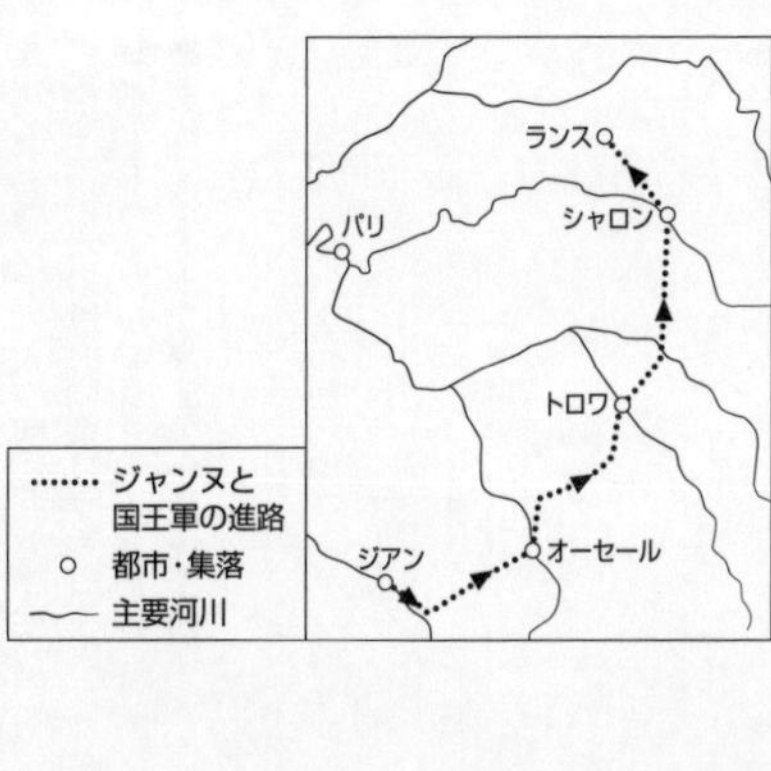

ヌの意見に従ってイングランド軍を追撃した。のちの証言では、ジャンヌは先鋒での出陣を望んだが、後衛に配置され非常に不満だったという。十八日にパテー村の近くで戦いが起こり、フランス軍は敵将ジョン・タルボットを捕虜にする大勝利を収めた。この時点で、ランスでの聖別式のための地ならしが済んだ。

六月中には、シャルル七世の招集に答えて、ジアンに大軍が集結した。しかし、王と側近はランスへの出発をためらっていた。オルレアンからランスまでは約三〇〇キロメートルの距離があり、途中で敵の支配地域を横切る必要があった。また、国王軍は大軍で士気も高いが、イングランド＝ブルゴーニュ守備隊が駐留し頑丈な市壁で守られた都市を攻略するには、資金と糧秣が不足し、攻城兵器にも事欠いていた。ジャンヌはシャルル七世の説得を続け、六月二十九日にようやく国王軍はジアンを出発した。イングランド軍の勢力下のイル・ド・フランスを避け、ブルゴーニュ公領北部へ迂回するルートをとった国王軍を前にして、七月二日にオーセール、十日にはトロワとシャロン、十五日にランスが次々に戦わずに降伏した。

ランス大聖堂とジャンヌ騎馬像

▼聖俗同輩　十二世紀末以来、フランス王国の一二人の聖俗有力諸侯を指す。俗人の筆頭同輩はブルゴーニュ公であったが、シャルル七世の聖別式ではアランソン公が代理を務めた。

十七日朝九時からランスの大聖堂でシャルル七世の聖別式が挙行された。同市のサン・レミ修道院に保管されていた聖油を除き、戴冠式に必要な王冠、王笏、正義の手は、パリ郊外のサン・ドニ修道院に残されたままであり、聖俗同輩▲も全員が揃わず代理で済ます必要があった。式の際には、ジャンヌの旗印はほかの隊長達の旗印よりも長いあいだ掲げられ、のちに彼女は「その旗印は大変苦労してきたものだから、名誉を受けるのは当然のことである」と誇らしげに述べた。大聖堂の外では人々が彼女をたたえ、彼女に触れたり、その指輪に自らの指輪を触れさせたりしたがった。こうした民衆信仰の表れは、のちに偶像崇拝として彼女に対する攻撃材料となる。このとき、ジャンヌは父親と親戚にも再会した。生まれ故郷の村で幼い頃に敬虔さをからかわれたジャンヌが、いまや有名人となっていた。

七月三十一日、シャルル七世は、「余の親愛なる乙女ジャンヌの好意と求めによって、余の所領の回復のために彼女が過去になした、また現在も毎日なしている偉大で立派で顕著で有益な奉仕を鑑みて」、ジャンヌが生まれたドンレミ村と近隣のグルー村に免税特権を与え、彼女に報いた。

③—ジャンヌの捕縛と異端裁判

諸勢力の動向

イングランド側にとって、オルレアン包囲の失敗に始まる一連の事態の推移は早急な対応を必要とするものであった。ベッドフォード公は、オルレアン包囲時に生じたブルゴーニュ公フィリップとの軋轢の解消を急いだ。ベッドフォード公からの使者の説得に応じたブルゴーニュ公はパリに入り、一四二九年七月十五日の会談で、両者のあいだに和解が成立した。

パテーでの敗北後、ベッドフォード公はパリとノルマンディの防衛体制の再構築を迫られていた。イル・ド・フランスとノルマンディの数十カ所に点在する都市や城塞には、総勢五〇〇〇人程の守備隊のみが残されていた。そこでボヘミアのフス派に対する十字軍▲を理由にイングランドで徴募された兵たちが、流用されることとなった。三五〇〇人の重装兵と三二〇〇人の弓兵▲が十五日にカレーを発ち、ルーアンでベッドフォード公と合流し、二十五日にパリに入った。

この時期、実はブルゴーニュ公はフランス王との和平の必要にも迫られてい

▼フス派に対する十字軍　教皇マルティヌス五世が提唱した十字軍。一四一九年から一四三一年までの五度の遠征は失敗に終わり、一四三四年にフス派との合意が成立した。

▼三五〇〇人の重装兵と三二〇〇人の弓兵　このうち、二五〇〇人の重装兵と二五〇〇人の弓兵は、公の叔父であるウィンチェスター枢機卿ヘンリ・ボーフォート(扉写真参照)に率いられ、七月初頭にカレーに上陸した。

た。ブルゴーニュ公はブルゴーニュ地方とフランドル地方を自領としており、その中間に位置するシャンパーニュ地方を占領下においていたが、フランス国王軍が一四二九年七月からシャンパーニュ地方の再征服を進めたため、自領を分断される恐れがあったのである。ブルゴーニュ公はイングランドとの和解と同時に、シャルル七世との和平も模索し、ベッドフォード公との会談の翌日にはパリを離れ、シャルル七世の元へ使者を送った。

シャルル七世と顧問たちもブルゴーニュ公との関係改善を望み、サヴォワ公▲が両者の仲介者となって交渉した結果、一五日間の休戦が取り決められた。ジャンヌも七月十七日付けの手紙では、ブルゴーニュ公にシャルル七世との和平を促していたが、ランス市民に宛てた八月五日付けの手紙では、単なる休戦には反対を表明した。八月中頃、シャルル七世の代理のランス大司教がアラスでブルゴーニュ公と会談したが、ブルゴーニュ公側には先代ブルゴーニュ公が殺害されたモントロー事件を理由に休戦に反対する者も多く、交渉は難航した。

次いでフランス国王軍はヴァロワ地方にも進出し▲、コンピエーニュ、サンリス、ボーヴェがフランス王側に降伏した。

▼サヴォワ公　アメデ八世(一三八三〜一四五一)。一三九一年からサヴォワ伯、一四一六年からサヴォワ公。一四三九年にフェリクス五世として教皇(対立教皇)に即位。妻マリは先代ブルゴーニュ公ジャンの妹。

▼ヴァロワ地方にも進出　一四二九年八月十五日にはモンテピロワ村近くで英仏両軍が対峙したが、会戦にはならず、両軍が撤退した。

ランスからジアンまで（一四二九年七月から九月末）

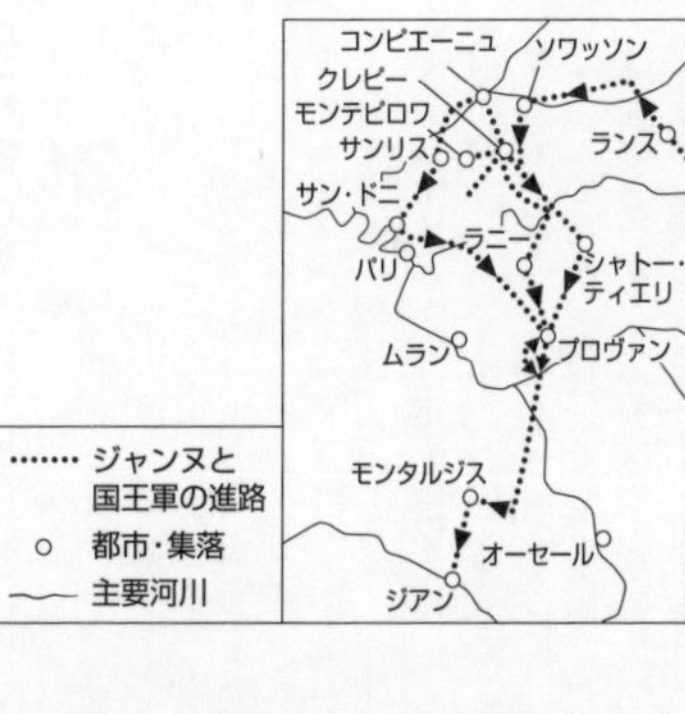

▼休戦の延長　ブルゴーニュ公はアルトワ伯領を含むピカルディーを確保し、パリと近隣地域の防衛に参加することが認められるなど、有利な条件を獲得した。

相次ぐ軍事的失敗と捕縛

ジャンヌ自身の次の目標はパリ攻略であった。一四二九年八月二十三日、彼女はアランソン公の部隊とともにコンピエーニュを発ち、二十五日か二十六日にパリ郊外のサン・ドニに陣を構えた。しかし、ブルゴーニュ公の影響下にあるパリを攻撃すれば、公との外交交渉が頓挫するのは確実であるため、シャルル七世自身は注意深くパリを避けていた。二十八日に、シャルル七世とブルゴーニュ公とのあいだで、休戦を四カ月延長する▲ことが合意された。ジャンヌもこの交渉のことをおそらく承知していたが、九月二日からアランソン公らとともにパリ近郊のラ・シャペル村に宿営し、連日のようにパリの市門周辺で小競り合いを繰り広げた。九月七日、ようやくシャルルがサン・ドニに到着し、翌八日の聖母マリア生誕の祝日にパリへの本格的な攻撃がおこなわれた。しかし、パリの堅固な防備に阻まれ、戦闘中にジャンヌが負傷し、攻撃は失敗に終わった。国王軍には長期の包囲戦をおこなう装備も糧秣も不足していた。十三日にシャルルは軍事行動の中止を決め、休戦の協定を結ぶとラニーに向けて出発、二十一日にはジアンで国王軍も解散された。

ブールジュからシュリ・シュル・ロワールまで（一四二九年十月から十二月）

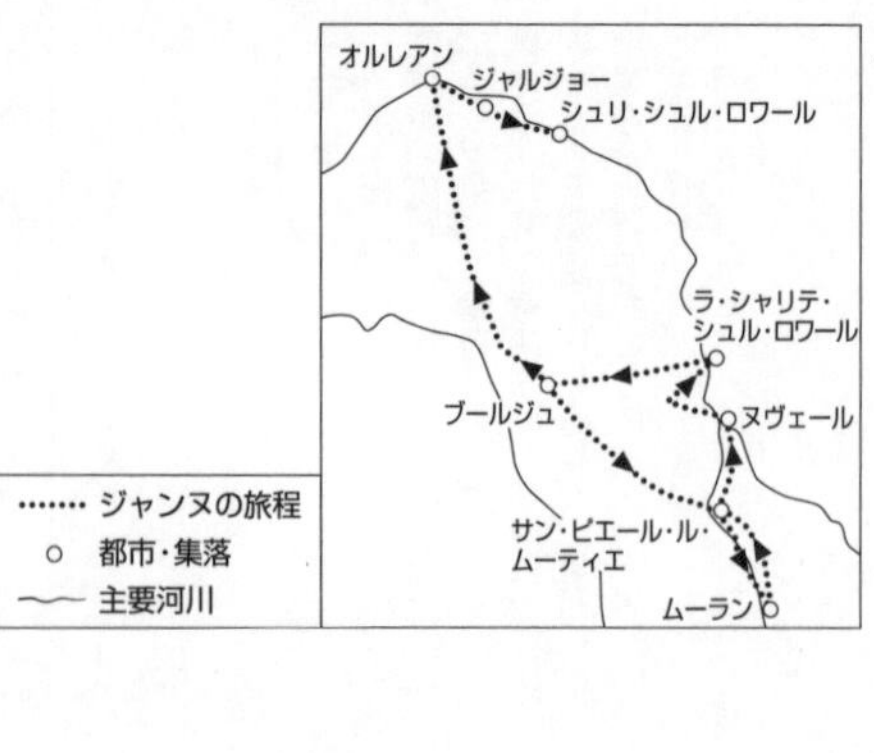

▼ラ・シャリテ・シュル・ロワール攻略失敗　十一〜十二月の攻撃側に不利な気象条件、守将ペリネ・グレサールの巧みな指揮、そして堅固な城壁の存在が、ジャンヌの二度目の敗北の原因とされる。

その後、ジャンヌはシャルルの本拠地ブールジュから、ロワール川の対岸に向かい、十一月四日にサン・ピエール・ル・ムーティエを占領したが、続くラ・シャリテ・シュル・ロワールの攻略には失敗した。ジャンヌは撤退し、十二月二十五日までにジャルジョーに戻った。聖別式ののち、ジャンヌの意見をシャルル七世が採り上げることは少なくなっており、さらにパリ攻撃の失敗が彼の彼女への信頼を大きく損なったであろう。それでも、おそらくラ・シャリテの攻略に失敗した彼女を慰めるために、この頃シャルルは彼女の家族全員に貴族身分を与えている。

翌一四三〇年三月まで、ジャンヌはシャルルとともに王の側近ジョルジュ・ド・ラ・トレムイユの城に滞在していた。このあいだに、彼女はオルレアンを訪れたり、ランス市民やフス派宛の手紙を出したりしている。だがこの時期、王やその側近たちとジャンヌのあいだに深刻な軋轢が生じていたことを、ペルセヴァル・ド・カニィの年代記はほのめかしている。ジャンヌは四月に王の元を突然離れ、ラニー・シュル・マルヌでフランケ・ダラスを破り、下旬にサンリスへ到着した。五月に入り、ブルゴーニュ公がコンピエーニュを攻撃すると、ジャンヌも現地に向かい、二十三日夕方にブルゴーニュ軍と戦闘をおこなった。この戦闘でジャンヌはジャン・ド・リュクサンブール▲の部下に捕縛され、ボーリュー城に一五日間幽閉されたのち、十月までの四カ月以上ボールヴォワール城▲に留めおかれることになった。

ジャンヌとアルマニャック派

ジャンヌの敵はイングランド人だけではなく、ブルゴーニュ派も含んでいたが、それには十四世紀末以来のフランス王国内部の派閥対立が大きく影響していた。ここでは、その派閥対立と、それらの派閥のジャンヌとの関係について詳しくみていく。

一四一八年のブルゴーニュ派によるアルマニャック伯ベルナール七世の殺害と王太子シャルルの逃亡、一四二〇年のトロワ条約締結以来、アルマニャック派とオルレアン派は反ブルゴーニュ派として結集した。一四一九年のモントロー事件の責任を問われたシャルル七世は、ブルゴーニュ公と和解しないまま、徐々に敵と味方の双方からアルマニャック派の長と目されるようになった。

▼ジョルジュ・ド・ラ・トレムイユ（一三八五頃〜一四四六）　シュリ・シュル・ロワール領主。シャルル七世の侍従長。リシュモン元帥と対立。

▼ペルセヴァル・ド・カニィ　アランソン家に仕え、同家の年代記を著した。ジャンヌを好意的に描く一方で、シャルル七世を無気力で側近の影響力が強すぎる、と批判した。

▼フランケ・ダラス　ブルゴーニュ派の兵士崩れ。捕縛後処刑された。

▼ジャン・ド・リュクサンブール（一三九二〜一四四一）　ボールヴォワール領主、のちにギーズおよびリニー伯。ブルゴーニュ公に仕える。

▼ボールヴォワール城　この際、ジャンヌは幽閉されていた塔から飛び降りようと試み、軽傷を負った。

ボーヌによれば、ジャンヌはオルレアン公シャルル▲の派閥ネットワークに取り込まれていた。のちのデュノワ伯ジャン▲とアランソン公▲は、ジャンヌの最も忠実な支持者であった。シノンとオルレアンでは、ジャンヌはオルレアン公の役人宅▲に宿泊した。オルレアン解放後にジャンヌは、オルレアン公から真紅のドレスと暗緑色のユーク▲を贈られた。真紅と暗緑色はオルレアン家の色である。

ジャンヌはオルレアン公の一族に忠実であったが、アルマニャック派への帰属を公式に主張することはなかった。にもかかわらず、オルレアン公の党派が王太子シャルルの派閥に統合されたため、彼女はアルマニャック派の利害のために利用されることになった。イングランドに対して徹底的に戦い、祖国のために英雄的に死ぬというジャンヌの覚悟は、アザンクールとヴェルヌイユでの敗北後にアルマニャック派陣営で醸成されたイデオロギーそのものである。ジャンヌが担った使命は、国王の大義とオルレアン公の大義とのあいだで分裂した。前者はシャルル七世の聖別と王国からのイングランド人の駆逐であり、後者は公領の中心都市オルレアンの解放とイングランドで捕虜となっている公シャルルの解放であった。

▼オルレアン公シャルル（一三九四〜一四六五）　一四〇七年にブルゴーニュ公ジャンに暗殺された父ルイの後を継ぎ、オルレアン公に。アザンクールの戦いでイングランド軍に破れ、捕虜となる。詩人としても知られ、イングランドに幽閉中に「獄舎の歌」を残す。

▼デュノワ伯ジャン（一四〇二〜六八）　オルレアン公ルイの庶子。オルレアン公シャルルの異母弟。

▼アランソン公（一四〇九〜七六）　オルレアン公シャルルの娘ジャンヌと結婚。

▼オルレアン公の役人宅　現在は、ジャンヌ・ダルク研究センターがおかれている。

▼ユーク　女性用フード付き外套。

オルレアン解放戦の最中である一四二九年五月六日のオーギュスタン砦の攻略時に、ジャンヌが降伏勧告の矢文を送ると、砦の守備隊は「アルマニャック派の売春婦」と侮蔑の言葉で返答をよこした。ジャンヌはアルマニャック派の利害を体現し、敵からもアルマニャック派の一員とみなされていた。

パリとブルゴーニュ派

パリはブルゴーニュ派に忠実な都市であった。オルレアンの包囲中、イングランド陣営への補給部隊の護衛にはパリの民兵が参加しており、一四二九年二月には鰊(にしん)の日の戦いでオルレアン救援軍が壊走したことを神に感謝する行列がおこなわれた。七月十五日にも行列でブルゴーニュ公のパリ到着を祝った。

ブルゴーニュ派の人々はジャンヌの預言に懐疑的であった。通称「パリの一市民」▲の日記によれば、「この頃、人がいうには、ロワールの川縁に一人の乙女がいた。預言者を自称し…(中略)彼女はまだほんの幼かった頃、子羊の群れの番をしていた、また、森や野原の鳥は、彼女が呼ぶとやってきて、飼い慣らされたもののごとく、彼女の膝の上でパンを食べたと、彼らは断言した」。し

▼**通称「パリの一市民」**　パリ大学と関係の深い聖職者であったとされる。ジャンヌの噂を日記に書き留めている。本文の引用は、堀越孝一訳『パリの住人の日記Ⅱ』三七三頁を一部改変した。

かし彼自身は、この噂はアルマニャック派が流したものではないかと疑っていた。また、あるパリの司祭は、オルレアン解放後にジャンヌを称賛した神学者ジャン・ジェルソンに反論して、「まるで彼女がすでに列福されているかのように」、人々が彼女の肖像画や像を崇めたことを非難した。

パリはイングランド軍が大敗したパテーの戦いののち、国王軍からの攻撃に備えて防衛体制▲を急いで整えている。国王軍によるパリ攻撃前には、シャルル七世はパリを兵士の略奪に委ね灰燼に帰すつもりでいるという噂が駆けめぐった。だが、パリの守りは堅固で、防衛する住民の士気も高く、国王軍を撤退に追い込んだ。

コンピエーニュの戦いでジャンヌが捕縛された一四三〇年五月二十三日夜以降、ブルゴーニュ公は、ヘンリ六世らへ次々と手紙を送った▲。そこではまず自軍の損害が軽微で、相手方の多くの者を捕虜にしたことを強調し、ジャンヌの捕縛が「いたる所で大ニュース」となり、「この女のすることに従ったり好意的だったりしたあらゆる者の誤りや馬鹿げた確信が知れ渡るだろう」と書いている。「愚かで信じやすい」アルマニャック派は幻想を失い、彼らが「天使的

▼パリの防衛体制　敵の監視を強化し、市壁の前の堀を浚渫(しゅんせつ)し、市壁上に砲列を据え、砲弾を備蓄するなどした。また、裏切り者による開門を防ぐために、いくつかの市門が壁で塞がれた。

▼ブルゴーニュ公の手紙　その他の宛先として、サン・カンタンやヘントなど複数の忠実都市、公の叔父サヴォワ公アメデ八世、ブルターニュ公。

な存在」と呼ぶジャンヌは、もはや無傷でも不敗でもなく、ほかの者と同じ人間的な生き物に戻ったのである、とも記された。ジャンヌ捕縛の報せを受けたとき、パリのノートルダム大聖堂では感謝の聖歌「テ・デウム」が歌われた。

ジャンヌの引き渡しと護送

ジャンヌが異端の罪で裁かれることとなったのは、以下のような経緯による。ジャンヌの捕縛後、以前からジャンヌに異端の疑いをいだいていたパリ大学はいち早くブルゴーニュ公、ジャン・ド・リュクサンブール、ボーヴェ司教ピエール・コーション、ヘンリ六世に手紙を送り、彼女を教会裁判で裁くために速やかに引き渡すよう要請した。しかし、ベッドフォード公はヘンリ六世の名で、ジャンヌがボーヴェ司教区内で捕縛されたことから、その司教であるコーションが裁判をおこなうのが妥当であると主張し、パリ大学の介入を斥けた。結局、ベッドフォード公が金策の末、十月末に隊長の身代金の額に相当するトゥール貨一万リーヴルを支払い、ジャン・ド・リュクサンブールからジャンヌを買い取った。シャルル七世軍による奪還を警戒したイングランド軍は、十一月中に

コンピエーニュからルーアンまで（一四三〇年五月から十二月末）

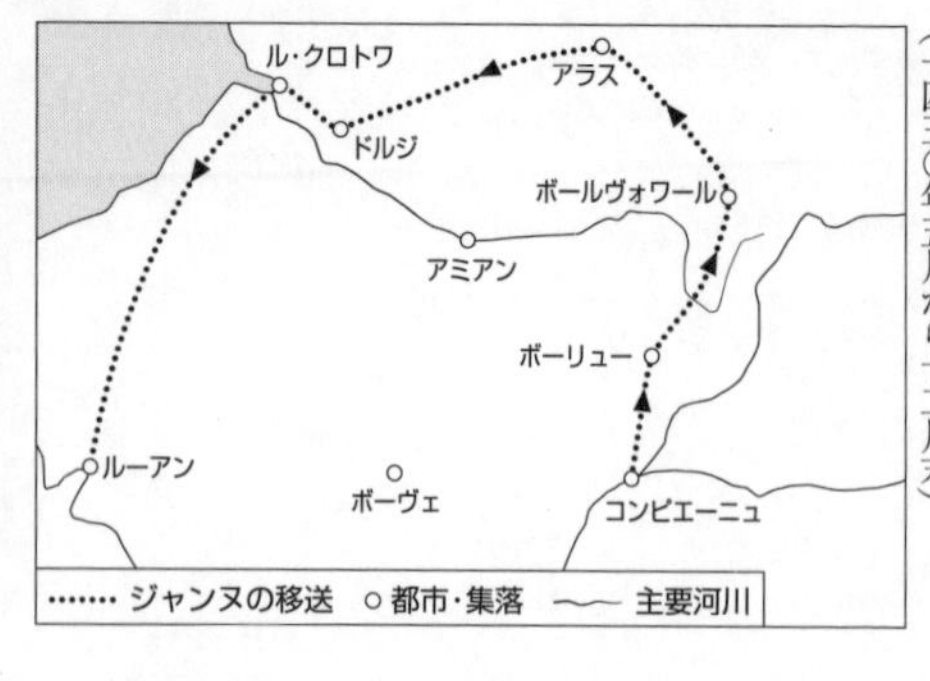

▼一四三一年一月三日付けの手紙　ジャン・ド・リネル（一三八〇頃〜一四四九）の執筆。彼はパリ大学で自由学芸と教会法を学び、婚姻によってピエール・コーションの甥となる。ヘンリ六世に秘書官として仕えた。

ボールヴォワールからアラスへ、十二月にル・クロトワを経由して、同月下旬にルーアンへジャンヌを護送した。

ジャンヌが異端者であることを示せば、彼女の助力で聖別された国王シャルル七世にも汚名を着せられるという点においては、イングランド側と、親ブルゴーニュ派でトロワ条約の理論的な支柱でもあるパリ大学との利害は一致していた。もっとも、捕縛の翌年、ヘンリ六世の名でコーションへ宛てられた一四三一年一月三日付けの手紙▲では、「万一同女（＝ジャンヌ）が、我らの信仰に関わる上記諸件のいずれかに関してその罪状を暴かれず、処罰もされないような場合は、余はジャンヌを再び余の許に引き取る意思であることをここに明らかにする」と述べられ、教会の裁判ではジャンヌは必ずしも断罪されないのではないかという疑念と、彼女が火刑にされなければ別の方法で片をつける方針が表明されている。コーションやパリ大学といった親ブルゴーニュ派とイングランド側とのあいだでは、当初から裁判の目的に関して齟齬があったのである。

予備審理

予備審理は、開廷に先立つ諸手続を含め、一四三一年一月九日から三月二十五日までおこなわれた。一月九日、コーションはジャン・デスティヴェ▲を告発官もしくは主席検事に、ジャン・ド・ラ・フォンテーヌ▲を法廷補佐官に任命したほか、公証人兼書記、執行官を任命した。十三日には、ドンレミ村近辺やその他の場所で収集した証言や噂を元に、聖俗両法に通じた専門家と公証人によってジャンヌの言動に関する質問条項がまとめられ、二十三日に質問条項に応じた予備調査の実施が決定された。そして二月十九日、この予備調査の結果を受けて、ジャンヌを被告として起訴・喚問することが決定された。

二月二十一日、第一回審理がルーアン城内の国王礼拝堂でおこなわれた。このとき傍聴者が多すぎて混乱したため、翌二十二日の第二回審理以降はルーアン城内の大広間に接する主賓室に法廷が移された。その後、三月三日まで計六回の審理が断続的におこなわれ、その間のジャンヌの回答が翌四日にいったんまとめられた。

三月九日にコーションからジャンヌの審問を委任されたラ・フォンテーヌは、

▼ジャン・デスティヴェ　バイユー司教座聖堂参事会員。パリ大学で教会法を学ぶ。一四四八年頃に下水溝に落ちて死んだ、と噂された。

▼ジャン・ド・ラ・フォンテーヌ　バイユー司教区出身で、パリ大学で教会法を学ぶ。三月二十八日以降は裁判記録から名前が消える。ジャンヌに公会議への服従を勧め、コーションの怒りに触れた、と噂された。

▼**ジャン・ル・メートル**　ルーアンのドミニコ会修道院長。一四二四年からルーアン司教区の異端審問官代理。

翌十日から審理を再開した。以降はジャンヌの牢内で、十三日からは異端検察官代理ジャン・ル・メートル▲も加わって、十七日まで審理が続けられた。十八日からは告発箇条の作成作業が始まり、二十四日には審問と答弁の記録がジャンヌにフランス語で朗読され、確認された。翌二十五日は、ジャンヌの男装に関する追加の審問がおこなわれ、予備審理が終了した。

普通審理の開始と七〇カ条の告発

三月二十六日のコーション邸での会合で、普通審理の開始が決定された。翌二十七日と二十八日には、ルーアン城内の大広間に接する主賓室で、デスティヴェが作成した七〇カ条の告発文が、ジャンヌにフランス語で読み上げられた。これらの告発における検察官の結論は明白であった。すなわち、ジャンヌの言動は神の法・福音の法・教会法・市民法さらに公会議決議から逸脱している。彼女は魔術・占い・迷信をおこない、その振る舞いのいくつかは異端であるばかりか、世の中に異端を助長しかねない。扇動的であり、平和に反し、流血を厭わない。神と聖人・聖女に対して侮辱的で瀆聖的である。悪魔の教唆により、神と聖なる教会に背いた。それゆえ、ジャンヌは矯正され改心させられなければならない。ただし、二義的あるいは根拠に乏しい起訴理由▲も含まれた。

これらの告発の各条に対し、ジャンヌは確信に満ちた態度で次のような一貫した反論をおこなった。自分が聴いた声は善であり、天使や聖女から彼女の元へ届いたものである。その声は彼女に行動を命じ、その結果を保証した。自分はその声に完全に忠実でなければならず、男性の衣服の着用もその一つであった。彼女は「神に遣わされた者」であり、判事たちは神から与えられた彼女の使命を裁く権利をもたないのである、と。彼女は教皇や枢機卿、大司教、司教、高位聖職者に服従することを認めつつ、「わが主に第一に仕えるべきである」との立場を崩さなかった。

一二カ条の告発

四月二日にコーションとル・メートルは複数の博士たちの補佐を得て、デスティヴェの告発から過度に詳細かつ捏造・曲解が含まれた部分を除外し、新たにまとめ直した一二カ条の告発を作成した。その概要は以下の通りである。

▼二義的あるいは根拠に乏しい起訴理由　例えば、幼少時代における信仰の問題(第四条)。トゥル教会裁判所に申し立てられた婚約不履行問題(第九条)。マンドラゴラの所持(第七条)。ラ・ルースの家への滞在(第八条)。ボードリクールと三人の息子をもつ約束(第一一条)。華美な衣服を好む強欲(第一三条)。指輪、旗印、剣による占い・呪術(第二〇条)。シスマに関するアルマニャック伯との書簡のやり取り(第二七～三〇条)。彼女の支持者による彼女自身への礼拝への同意(第五二条)。神や聖人に対する冒瀆的な発言の具体例(第四七条・第五七条)などである。

①ジャンヌは、頭上に豪華な冠を乗せた聖女カトリーヌとマルグリットが肉体を備えて公現したと主張した。彼女が聖女たちを見た場所は汚れており、「妖精の樹」と呼ばれる大木の傍にある、熱病を癒やすと噂された泉のほとりであった。聖女たちは、神の命令により「某世俗君主▲」の元へ行かなければならないと彼女に告げ、さらに彼女の手助けによって、その君主が武力でその領土▲と世俗の名誉を回復することを約束したという。彼女は地上の教会に服従することを拒否した。

②前述の君主が、ジャンヌが得た啓示の話を信じるにいたった印とは、聖ミシェル率いる天使たちによる行列であり、天使が彼に立派な王冠を授けたことである。さらに、彼女はその信じがたい話について矛盾したことを述べた。

③ジャンヌは、彼女に公現した聖ミシェルは本物だと述べた。

④ジャンヌは、未来に起こることを予見できると断言した。彼女は「フランス人▲」の大勝利を預言し、自身が会ったことのない人々のことを言い当てたり、地中に隠された剣▲を発見したりした。

⑤ジャンヌは、男の衣服を常に着用し、その服装のまま聖体拝領の秘蹟を受

▼某世俗君主　明らかにシャルル七世のことであるが、トロワ条約を支持する判事たちは、彼をフランス国王として認めず、ここでは匿名にしている。

▼その領土　フランス王国を指すが、ここではそのことは隠されている。

▼フランス人　ここではアルマニャック派を指す。ジャンヌはブルゴーニュ派をシャルル七世に対する裏切者、「不忠なフランス人」とみなしていた。

▼地中に隠された剣　サント・カトリーヌ・ド・フィエルボワで発見された剣（三二頁参照）。

けた。「どのようなものを与えられようと、男の服の着用や武装をやめるという誓いはできない」と断言した。

⑥ジャンヌは、数多くの手紙を記させ、そのなかには「イエズス　マリア」の語と十字の記号▲が記されたり、「自分の手紙や勧告に従わない者は皆殺しにする」と書かれたりしたものがあった。

⑦ジャンヌは、一七歳の頃、両親の意思に背いて、「某準騎士▲」の元へ赴き、自身を前述の君主の元へ連れて行くよう要求した。両親は悲しみで気がふれたようになった。君主に向かって、敵軍に対する戦いを指揮したいと述べ、神の名によって、彼に「立派な支配者の地位」を約束した。

⑧ジャンヌは、コンピエーニュの町が破壊され、敵の手に渡されて生きるよりは、自ら高い塔▲から飛び降り、死ぬことを望んだ。啓示を受けたため、大罪であるこの行為は、告解をしたことで許されたとジャンヌは確信している。

⑨ジャンヌは、純潔を守れば、天国に行けると確信している。聖女達が毎日自分を訪れるので、自分が大罪を犯したとは考えないと主張した。

⑩ジャンヌは、聖女たちがイングランド派ではないから英語ではなくフラン

▼「イエズス　マリア」の語と十字の記号　「イングランド人への手紙」の冒頭(三五頁参照)。

▼某準騎士　ロベール・ド・ボードリクールを示唆。「準騎士」の呼称には彼の地位を低く印象づける意図がうかがえる。

▼高い塔　ボールヴォワール城でジャンヌが幽閉されていた塔を指す(四七頁参照)。

ス語を話すと主張した。啓示によって「声」が前述の君主の味方だと知って以来、彼女はブルゴーニュ派の人々を好まなくなったと述べた。

⑪ジャンヌは、天使や聖女に触れ、抱擁し、接吻したが、この行為について誰にも助言を求めなかった。聖ミシェルを装った邪悪な霊が現れたとしても、それを見破ることができると主張した。前述の君主に与えられた王冠の印について、誰にも打ち明けないと聖女たちに誓った。

⑫ジャンヌは、地上の教会ではなく、神に自らを任せた。あらゆる信者が地上の教会に服従すべき、と述べる「ウナム・サンクタム」から距離をおいた。

このように、一二カ条は、ジャンヌが世俗的で好戦的な目的を追求したことを示そうとした。この見方によれば、彼女は悪魔の共犯者というより、信じやすく、狂信的で、頑固で、うぬぼれで、虚言癖があり、自らの正しさを過信した者である。彼女の大きな過ちは、この世の教会に服従しないことであった。

ジャンヌへの訓戒とパリ大学の鑑定

五月二日には、ジャン・ド・シャティヨンによるジャンヌへの訓戒がおこな

▼**ウナム・サンクタム**　「唯一の聖なる(公教会を信ず)」の意味。一三〇二年のローマ教皇ボニファティウス八世による教皇勅書。

▼**ジャン・ド・シャティヨン**　神学博士。裁判時にはエブルー司教座聖堂参事会長。

われた。その内容は、教会に服すること、男装を放棄すること、疑わしい公現に関する瀆聖・嘘・無謀な信仰を放棄すること、の三点にまとめられる。最後にジャンヌに対して教会への服従が再度説かれたが、無駄であった。

もはや一二カ条にもとづいて、審理を続けるしかなくなった。しかし、この一二カ条は七〇カ条を巧みに修正し、ジャンヌの罪状を明確にしたが、彼女の前で読み上げられただけで、彼女の同意を正式に得なかった。ジャンヌには七〇カ条に対するような返答の機会も与えられなかった▲。

五月九日、ジャンヌは、ルーアン城の塔で拷問具と拷問吏を前に判事らに自白を迫られたが、断固として拒否した。最終的に十二日の審議で彼女への拷問は取り止めとなった。おそらくこの頃、ウォリック伯▲、ジャン・ド・リュクサンブールと弟ルイとスタッフォード伯▲らがジャンヌの牢を訪ねている。

コーションは「問題のより豊かで明晰な解明と、我等の良心のより安らかな平和と、すべての人々の教化のために」、パリ大学の権威に頼り、神学部と法学部に告発一二カ条にもとづくジャンヌの罪状の鑑定を依頼した。五月十四日付のパリ大学からの返答は、「俗に〝乙女〟と呼ばれたこの女」の「広い地域

▼返答の機会も与えられなかった　こうした手続き上の瑕疵が無効裁判の時に問題となった。

▼ウォリック伯　リチャード・ビーチャム（一三八二〜一四三九）　一四二七年からルーアンの隊長。ジョン・タルボットは娘婿。

▼スタッフォード伯　ハンフリー（一四〇二〜六〇）　一四四四年からバッキンガム公。牢内でジャンヌの言葉に腹を立て、ウォリック伯にたしなめられた。

に溢れ出た害毒により、ほとんど全西ヨーロッパ地域のキリストの民が感染されたかに見えた」と厳しい調子でジャンヌを糾弾した。神学部は、悪魔の介入とジャンヌによる悪魔祈禱の可能性を指摘した。法学部は、ジャンヌを嘘つきであり、不正な預言者であり、傲慢であり、分派的であり、異端的であり、背教者であると断じ、ジャンヌの主張する印を十分な証拠を欠く、として斥けた。

五月二十三日にピエール・モーリス▲の「慈悲深い」勧告がおこなわれ、フランス語で「ジャンヌの過誤」について読み上げられた。しかし、ジャンヌの返答は「刑場に引き出され、火が点ぜられて、刑吏が用意された薪束に火を放つのをみても、自分が焔に包まれても、これ以外は述べないし、死ぬまで裁判で述べた通りのことを主張するだろう」と頑なであった。

異端誓絶から火刑へ

五月二十四日、ジャンヌはサン・トゥーアン大修道院付属墓地に引き出された。火刑台が設えられ、大勢の出席者の前でギヨーム・エラール▲が彼女に対する説教をおこなった。続くコーションの最終判決の朗読中に、ジャンヌは自身

▼ピエール・モーリス　神学博士。ルーアン司教座聖堂参事会員。

▼ギヨーム・エラール　パリ大学神学博士。ジャンヌの異端裁判時にはラングル司教座聖堂参事会員。

が「偽って神、天使、聖女カトリーヌおよびマルグリットの名による御公現と啓示を受けたと申し立てた」ことを認め、「聖なる教会の胎内に永久にとどまる」ことを約束する異端誓絶をおこなった。それを受けて、コーションは用意していた「悔悛後の判決」を読み上げた。それによれば、ジャンヌは多くの罪を犯した▲が、それらの誤りを正すことを自身の口で誓ったので、それを守る限り、彼女の破門を解き、永久入牢に処することが決定された。

ジャンヌが火刑を免れたことで、イングランド人の不満と怒りが巻き起こった。ジャンヌが自らの誤りを認めなければ、すぐに火刑に処されたことは明白であったが、それだけではイングランドの大義には不十分であった。彼女を単に死刑にするだけではなく、どうにかして彼女に自らの過誤を自白させる必要があった。そうなれば彼女はその陣営ともども完全に正当性を失うからである。

ジャンヌは女性の服を与えられたが、期待に反して、教会の牢ではなく、世俗の牢に入れられた。女性の看守もつけられず、男性の看守らからの暴行の危険に曝されることになったジャンヌは、二十八日に再び男性の服を着ていた。

その理由は、のちの証言によって異なっており、またなぜ男性の服を入手でき

▼多くの罪を犯した　判決で列挙されているジャンヌの罪は以下の通りである。①神の啓示および御公現をみだりに捏造した。②他人を堕落に誘った。③軽薄・不遜な信仰をもった。④迷信に類する預言をおこなった。⑤神ならびに諸聖女を侮辱した。⑥神の掟、聖書、教会の定めを裏切った。⑦秘蹟を受けるに際して神を侮辱した。⑧信徒達に教会への謀叛を唆した。⑨棄教した。⑩分派（シスマ）の罪を犯した。⑪信仰の多くの点において過誤を犯した。

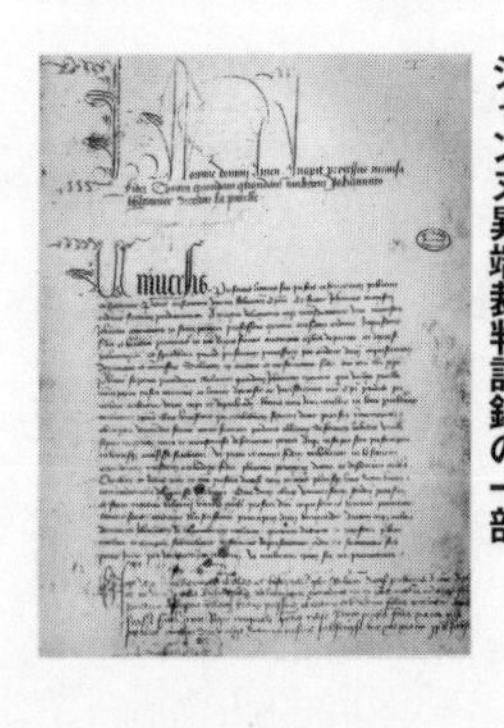

ジャンヌ異端裁判記録の一部

たかについても記録から省かれている。▲

翌二十九日、大司教公邸の礼拝堂でこの事態に対する審議がおこなわれ、ジャンヌの異端再犯者としての措置が決定された。三十日にヴィユー・マルシェ広場で最終判決が読まれ、彼女は刑吏に引き渡され、公開で火刑に処された。

ジャンヌの異端裁判の性格

この裁判は通常と異なり、ジャンヌには弁護人も有利な証人も与えられず、上訴の権利なども説明されなかった。これは異端審問の特徴であり、教会の真実が常に正しく、被告は常に劣位におかれていただけでなく、悪魔の助けであらゆる策略に訴える者として厳しく扱われた。コーションとイングランド陣営の関心は明らかに政治的裁判を異端裁判に偽装することであり、判事たちはシャルル七世の正統性に関する議論を控えることで、政治的争点を隠した。このように党派的に偏った判事たちが、ジャンヌがおかれた孤立と肉体的精神的に劣悪な状況を利用し、温情をかけることなく、年齢・性別・出自への配慮もない、難解な問いを発し、彼女に不利に働きうる返答を引き出した。さらに、そ

▼ジャンヌが再び男装した理由　ジャンヌ自身は「男たちのなかにいるために、女の服でいるよりは男の服を着た方が適切であると思ったからだ」と答えている。無効裁判時の証言では、①看守が女の服を取り上げて男の服を渡した、②看守らの暴力への防衛策、のようにジャンヌがやむなく男装せざるをえなかった理由が強調されている。

れらの返答を曲解して一二カ条の告発を導き出し、その告発にもとづいてパリ大学の博士などの専門家が鑑定をおこなった。ジャンヌは、当意即妙に返答▲し、再三にわたり質問に隠された罠を巧みに逃れた。しかし、もちろん勝負は対等ではなかった。ジャンヌは、多くの高位聖職者、博士、パリ大学の碩学に対峙することを強いられた無学な少女にすぎなかった。

イングランドのプロパガンダ

ジャンヌの処刑後まもない六月八日、ヘンリ六世はジャンヌの異端裁判を正当化するラテン語の手紙を皇帝、諸王、諸侯に送った。そのなかでヘンリは、「フランス王国で好き勝手に振る舞っていた乙女と呼ばれた偽りの女占い師」に正当な処罰を科したこと、を強調した。ジャンヌの罪状こそ裁判記録に沿った記述となっているものの、それ以外の点では故意の省略や追加をしている。例えば、ジャンヌの名は一切明示されず、彼女の捕縛の過程やブルゴーニュ公の関与などの詳細は記されていない。コーションがヘンリ六世の顧問であった事実も省かれている。他方、今際の際のジャンヌの「告白」が含まれ、それに

▼当意即妙な返答　例えば、裁判中の「神の恩寵に浴していると思うか」という質問への答えは、肯定でも否定でも教義上の問題を引き起こすが、ジャンヌは「もし現在私が恩寵に浴していないなら、神様は私に浴させてくださるでしょう。もし私が恩寵に浴しているなら、私をその状態にとどめてくださるでしょう」と返答し判事たちを感心させた。また、「聖ミシェルは裸だったか」という同種の質問にも「わが主は、聖ミシェルに着せるものをおもちでないとお考えですか」と巧みに答えている。

▼「**死後の報告**」　前日七日にコーションとル・メートルら九名が証言したジャンヌの「今際の言葉」で、『裁判記録』に挿入された。公証人の署名を欠くため、正式な記録とはみなさず、内容自体の捏造を疑う研究者も多い。

よれば、ジャンヌがその声を信じた霊が悪しき偽りのものであり、ジャンヌは騙されたのだとしている。これは「死後の報告▲」を踏まえたものである。

さらに、同月二十八日、ヘンリ六世はフランス語の手紙を、フランス王国内の教会の高位聖職者、公、伯、その他の貴族、都市へ送り、「自身を乙女ジャンヌと呼ばせた女」の傲慢さ、うぬぼれ、暴力に言及した。特に、人々に暴動、「誓約違反」、「危険な反乱」を唆して、「致命的な戦争」を再開し、「あらゆる真の平和」に反して行動した、とジャンヌを非難した箇所は、彼女によるトロワ条約と条約遵守の誓いへの違反を示唆している。裁判の経緯や「死後の報告」への言及は先の手紙とほぼ共通している。最後に、高位聖職者に対し、自身の司教区で、訓話や説教を通じて手紙の内容を知らしめるよう求めた。

並行してヘンリ六世が「親愛なる叔父」ブルゴーニュ公フィリップに送った手紙では、ジャンヌの捕縛に関するブルゴーニュ公の貢献を評価し、シャルル七世をヘンリとブルゴーニュ公の共通の「宿敵」として強調している。

パリ大学のプロパガンダ

パリ大学からは、教皇、皇帝、枢機卿宛てに手紙が送られた。パリ大学にとって、裁判の経緯や「死後の報告」への言及はヘンリの手紙とほぼ共通しているが、ジャンヌを聖職者に従わず、教会の秩序を脅かす存在であるとしている。パリ大学の手紙では聖書を引用し、神や聖人の啓示を受けたと主張する「偽預言者と偽キリスト」から「あまりにも信じやすい人々」を守るために、パリ大学が裁判を承認したことが語られた。ただし、ジャンヌの政治的軍事的影響については触れていない。

これら一連の手紙のなかに、シャルル七世の王位は魔女ジャンヌに負っているという告発を読みとることも可能である。ただし、この点は明白なかたちでは提示されていない。イングランド側にとって、政治的な争点は可能な限り隠され表に出ないことが大事であった。

すでにヘンリ六世は、パリ大学から懇願され、六月十二日付けのフランス語の開封勅書をコーションら裁判の責任者に与えていた。それによれば、ジャンヌの「過ちと呪いに共感する者」が、「憎しみ、復讐やその他によって」教会

▼聖書の引用　マタイによる福音書二四章二四。

の判決に異議を唱え、司教、異端審問官代理ら裁判関係者を、教皇や公会議に「引きずり出そう」とした場合、ヘンリは裁判関係者を保護することを約束した。この手紙は、裁判の政治的性格を間接的に明らかにするため、公的記録には採録されなかったと推定されるが、無効裁判訴訟の調査の際に発見された。

プロパガンダの反響

これらのイングランド側のプロパガンダはフランス王国内でどのような反響を起こしたのであろうか。王国内のイングランド支配地域やブルゴーニュ派支配地域において、ジャンヌの処刑を受けて大行列や説教がおこなわれたかどうかは史料からは確認できない。しかし、パリは例外であった。「パリの一市民」の日記によれば、七月四日のサン・マルタン・デシャンでの大行列に先立ち、フランス異端審問官のドミニコ会修道士▲がジャンヌの所業を非難する説教をおこなった。彼はジャンヌを「極貧の家の娘」として社会的に貶め、「一四歳の頃、男装するようになった」と実年齢より若く述べ、「キリスト教徒を殺して歩き、火と血にまみれて」いたと残虐性を強調した。さらに、

▼フランス異端審問官のドミニコ会修道士　この人物はジャン・グラヴランとみなされている。彼は神学教授で、一四二四年からフランス異端審問官。多忙を理由にジャンヌの裁判には関与しなかった。

異端誓絶のあとの判決に対して、「四年間、パンと水のみで獄中で生きるという苦行である。その苦行を彼女は一日たりとも実行しようとしなかった。それどころか、貴婦人でもあるかのように世話をさせた」と彼女の不服従と傲慢を誇張するなど、全体としてイングランド側のプロパガンダに沿う内容であった。ただし、日記の著者は、ジャンヌを敵視していたが、かならずしも彼女を異端者とはみなしておらず、「あちらこちらで、彼女は殉教者だった、彼女の主君のために死んだのだという者もあり、いいや、そうではない、彼女をこれほどまでに守った者は間違っていたのだという者もいた。民衆はそんなふうにいっていた(堀越孝一訳)」と、相反する評価を併記した。

同じパリの住民でもクレマン・ド・フォーカンベルグ▲は、ジャンヌの「今際の際の悔悛」について、「最期に異端再犯者として、火に委ねられたのち、彼女は涙ながらに悔悛し、彼女のうちには悔悛の印が現れた、と伝えられた」と記し、「神が彼女の魂に恵み深く慈悲深くあられますように」と彼女の死後の救済を望んだ。

▼クレマン・ド・フォーカンベルグ　両法学士。パリのノートルダム司教座聖堂参事会員。国王裁判所書記。『日誌』にジャンヌの記述と肖像のスケッチを残したことで知られる。

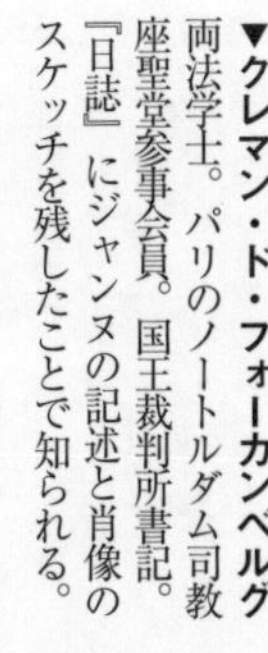
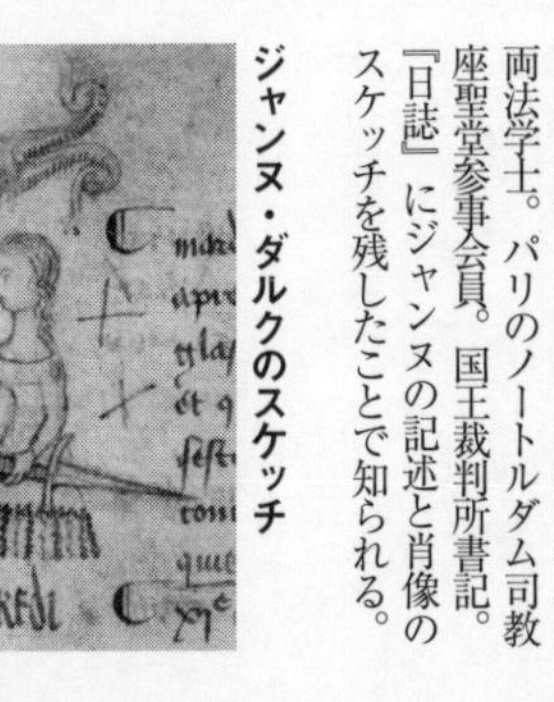

ジャンヌ・ダルクのスケッチ

④―百年戦争の終結と異端判決の破棄

アラス会議とノルマンディの再征服

ジャンヌの処刑の四年後、一四三五年にアラスでシャルル七世陣営とイングランド＝ブルゴーニュ陣営とのあいだで平和交渉がおこなわれた。しかしイングランド代表団とは全面的な合意にいたらないまま、病床に伏せっていたベッドフォード公は死去し、イングランド代表団は交渉から離脱した。残されたブルゴーニュ公の代表団とフランス代表団は九月二十一日に平和条約を結び、イングランド＝ブルゴーニュ同盟は解消された（アラスの和約）。ブルゴーニュ公を味方につけることに成功したシャルル七世は、イングランドとの交渉を再開した。一四四四年に英仏両陣営はトゥールで休戦条約を交わし、ヘンリ六世とマルグリット・ダンジューとの結婚が取り決められた。

しかし結局、軍事行動が事態を決定した。ノルマンディは、フランス国王とアランソン公、ブルターニュ公の三軍によって、一四四九～五〇年に再征服された。デュノワ伯ジャン（一四四三年からロングヴィル伯をかねる）が指揮する国

▼全面的な合意にいたらないまま　ヘンリ六世側の代表として実質的に交渉にあたったピエール・コーションは、ベッドフォード公の提案を説明したが、フランス側に拒否された。八月二十三日にイングランド代表団の長であるウィンチェスター司教ヘンリ・ボーフォートが到着したものの、合意に達しなかった。

▼マルグリット・ダンジュー（一四二九～八二）　ロレーヌ公・アンジュー公ルネの娘。フランス王シャルル七世妃マリの姪。一四四五年にヘンリ六世と結婚。のちにバラ戦争でランカスター派を率いてヨーク派と戦った。

王軍の主力は、一四四九年七月にヴェルヌイユを奪取し、ジョン・タルボットの指揮するイングランド軍を破った。タルボットは退却し、ルーアンに立てこもったが、一四四九年十月にはカーンへ撤退した。さらに、一四五〇年四月十五日のフォルミニの戦いでフランス軍が勝利した。六月二十四日にはカーンが陥落し、八月十二日にはシェルブールもフランス軍に占領された。

ジャンヌ復権の動きの始まり

ジャンヌの復権の動きは一四四〇年代末に始まった。その背景には、フランス軍によるノルマンディ地方の再征服が現実味を帯びてきたことや、異端裁判時の判事らの党派性や厳しい判決への批判とジャンヌの敬虔な最期への同情の高まりがあった。また、異端裁判の記録が残され、さらに書記ギヨーム・マンションが覚え書きを保存していたため、裁判の再検討が可能であったことも大きい。

ギヨーム・ブイエ、ギヨーム・デストゥトヴィル、ジャン・ブレアルの三人の人物が、復権を牽引する役割を果たした。一四四九年十二月十日にルーアン

▼フォルミニの戦い　バイユー近郊でおこなわれた戦い。リシュモン元帥とブルターニュ人の協力を得た、クレルモン伯ジャンが指揮をとった。

▼ジャンヌの擁護　教皇の顧問で詩人のマルタン・ル・フランは『貴婦人たちの擁護者』(一四四〇～四二)で、ジャンヌを好意的に描いた。

▼ギヨーム・マンション　ルーアン教会裁判所書記。

▼ギヨーム・ブイエ　元パリ大学総代。ノワイヨン司教座教会参事会員。

▼ギヨーム・デストゥトヴィル　ノルマンディの有力領主家系に生まれる。一四二九年から枢機卿。

▼ジャン・ブレアル　ドミニコ会修道士。フランス王国異端審問総監。

に入ったシャルル七世は、一四五〇年二月十五日にギヨーム・ブイエへ次のような内容の書簡を送付した(高山一彦訳を一部改めた)。

「かつて乙女ジャンヌは、われらの仇敵イギリス人の手に捕らえられ、このルーアンの町に連行された。彼らは彼女を、自分たちが任命し、自分たちの意のままになる人々の手による裁きにかけた。こうした審理の経緯と、彼らがジャンヌにいだいていた憎悪を考えれば当然のことながら、彼らは数々の過誤を犯し、不正にも、理性に背いて、彼女を極めて残虐な刑に処した。このゆえに、余は当該裁判の事実と審理の運用の実態を明らかにしたいと考え、貴下がこの件について慎重な調査を尽くし報告するよう、強く望み、命ずるものである。」

ここでは、ジャンヌを捕らえたブルゴーニュ派は言及されず、「イギリス人」は匿名で▲、彼らの「意のままになる人々」が聖職者であることも伏せられた。

この書簡を受け取ったブイエは三月五日に、ルーアン在住で異端裁判に関わっていた四人のドミニコ会士と三人の司祭を尋問した。二〇年も前に遡る出来事について証人たちは全員一致でジャンヌの最期を称揚する一方で、ジャンヌの死に責任を負うべきなのは、ウォリック伯、獄吏、兵士らイングランド人、

▼**「イギリス人」は匿名**　ヘンリ六世はカトリーヌ(シャルル七世の妹)の息子であると同時に、マルグリット(シャルル七世の妃マリの姪)の夫でもあり、二重の意味でシャルル七世の甥にあたるため、名指しでの非難を避けたと思われる。

およびコーションやデスティヴェら当時イングランド人に忠実だったフランス人である、とした。ブイエの調査は次のような結論にいたった。すなわち、あらゆる点でジャンヌは素朴で善良なキリスト教徒である。彼女の立派な最期がそれを充分に示しており、彼女には多くの情状酌量の余地があった、と。

他方、ブイエは一二カ条をもとにジャンヌを断罪したパリ大学の教授たちを巧みに免責した。すなわち、コーションの指示で作成された一二カ条は、ジャンヌの返答を得ていなかったため、パリ大学へ送られる前に、見直され修正されるべきであった。ジャンヌを裁いた判事の背後にはイングランド人がおり、彼らはシャルル七世とアルマニャック派への憎しみとジャンヌへの復讐の念に凝り固まっていたのである、と。ただし、ジャンヌの主張した「声」と幻視の正当性や性格については七人中六人が明確な回答を留保している。残る一人のジャン・ボーペール▲は、ジャンヌの精神的な混乱か嘘によるものと答え、悪魔や天使など超自然的な原因を斥けた。以上のブイエの調査はシャルル七世の要請にもとづいてはいたが、完全に非公式なもので、ジャンヌの異端判決の見直しには何ら実際の効果をともなうものではなかった。

▼ジャン・ボーペール　ヌヴェール司教区出身。神学博士。パリ大学神学教授。一四三〇年からルーアン司教座聖堂参事会員。

ギヨーム・デストゥトヴィルの調査

一四五一年八月、教皇特使ギヨーム・デストゥトヴィルが、教皇ニコラウス五世▲によってフランス王国に派遣された。この派遣の表向きの理由はオスマン帝国に対する十字軍の組織のために英仏間の交渉を進めることであったが、その真の狙いはシャルル七世にブールジュの国事詔書▲の廃止を求めることであった。一四五二年二月、デストゥトヴィルはトゥールでシャルル七世と面会し、この頃ジャンヌの裁判の見直しの重要性を認識したとみられる。しかし異端裁判の判決の破棄は、ほとんど前代未聞の事態であり、フランス王権側からの何らかの政治的な圧力があった可能性も排除できない。デストゥトヴィルは、四月にルーアンにてジャン・ブレアルと協力して、一四五二年五月二日から調査を始めた。二人はまず一二カ条の尋問項目を作成し、五月二、三日に五人の証人の尋問をおこなった。五月四日以降、ブレアルは一七名の証人に召喚状を発給し、二七条に増やした尋問項目▲にもとづいて、五月八日に尋問を再開した。

証人たちは、ジャンヌがイングランド人とその共犯者の憎しみの犠牲者であり、今際の際に信仰心を示したことを一致して認めたものの、イングランド人

▼教皇ニコラウス五世　一四四七年に教皇に選出される。一四四九年にバーゼル公会議を解散させ、対立教皇フェリクス五世を退位させることに成功した。

▼ブールジュの国事詔書　一四三八年にシャルル七世が発布した王令。フランス王国内の高位聖職者の選挙を復活させ、教皇の介入を排除することを定めた。

▼二七条の尋問項目　おもな内容は以下の通り。①イングランド人が判事や書記に圧力をかけ(四〜六条)、ジャンヌを弁護する者がいなかったこと(七条)。②ジャンヌは一人で、若く、素朴で無知であったが(九条)、判事らは数多くの絶え間ない尋問で彼女を疲れさせ、罠にはめようとした(一一条)。③ジャンヌがカトリック信仰を維持し、教会と教皇への服従を何度も表明したが、そのことは記録されなかった(一三〜一六条)。④裁判記録は多くの部分において虚偽であり、誤りがあり、忠実に記載されたものではない(一八〜二二条)。⑤イングランド人はシャルル七世の名誉を汚すことをめざし、ジャンヌを嫌悪した(二六条)。

の判事への圧力の有無については意見のばらつきがあった。概して、証人の見方は次の二つに分類される。①ラテン語版裁判記録に捏造の疑惑をいだき、ジャンヌを党派的で卑怯な判事の神学的な質問が理解できなかった哀れな娘とする見方。②ラテン語版裁判記録を職務に忠実な書記による真正なものと認め、ジャンヌは裁判時に賢明で用心深く返答し、たとえ無学でも、愚かではないとする見方、である。この調査では、ジャンヌが不当に火刑に処されたと結論づけた証人は多くはなく、一四五〇年のブイエの調査と比べ、ジャンヌの復権という観点からはやや後退していた。ただし、部分的にしか一致しない証言を忠実に記録したという事実が、一連の手続きの誠実さを示しているともいえる。

ルーアンでの調査後、ブレアルとブイエはパリへ向かい、シセイ城で国王に報告した。デストゥトヴィルも五月二十二日付けの書簡で国王に報告し、六月にはル・マン・シュル・イエーヴルの城で国王に謁見した。他方、ブレアルは「審理要約」を作成し、博士や法律家たちに検討を依頼して意見を仰ぎ、覚え書きを作成した。一四五二年末以降、デストゥトヴィルはいったんローマへ帰還、一四五三年四月にルーアン大司教に叙任された。

百年戦争の終結と復権の動きの停滞

ここでジャンヌ復権の動きは一年ほど停滞した。フランス国王とローマ教皇がそれぞれ懸案をかかえていたためである。英仏間の戦闘は一四四九年以降、ギエンヌ地方において継続していたが、一四五三年七月十七日にカスティヨンの戦いでイングランド軍指揮官タルボットが戦死すると、十月十九日にボルドーがフランス国王に降伏し、イングランド王家はギエンヌ公領を失った。百年戦争の実質的な終結であった。▲ローマ教皇にとっての深刻な問題は、一四五三年五月二十九日にオスマン帝国がビザンツ帝国の首都コンスタンティノープルを陥落させたことであり、ニコラウス五世の晩年の努力は対オスマン帝国十字軍の派遣に注がれた。

この間にローマに赴いたブレアルは教皇庁でジャンヌ復権を働きかけた。また、この件に意見を求められていた教会法学者ジャン・ド・モンティニは、ジャンヌの近親者による訴えで彼女の異端判決の再審理が可能であると論じた。デストゥトヴィルはようやく一四五四年七月にルーアンに着任した。

▼**百年戦争の終結**　英仏間では平和条約が締結されず、百年戦争は法的には終結していないともいえる。イングランド王家に残された大陸所領であるカレーが陥落したのは一五五八年、イングランド王がフランス王の称号を用いなくなったのは一八〇一年である。

教皇による再審理の許可

この頃、ジャンヌの家族はオルレアンとバロワ地方とに分かれて暮らしていた。父ジャック・ダルクと妹(もしくは姉)カトリーヌはすでに死去しており、母イザベル・ロメは、一四三八年以降、オルレアン近郊のサンディヨンに移住していた。ジャンヌの兄のうち、ジャックマン▲はおそらく死去していた。次兄ジャン▲は、偽ジャンヌ事件▲に関与したが、その後、ヴォークルールの代官となった。もう一人の三兄ピエール▲は騎士としてオルレアン公シャルルから土地を与えられ、オルレアン地方に住んでいた。モンティニの示唆を採用した王の家臣は、ジャンヌの家族と接触し、異端裁判の再審理を教皇に請願するよう説得したと考えられる。

一四五五年三月二十四日に教皇ニコラウス五世が死去すると、新たに教皇に選出されたカリクトゥス三世▲が、六月十一日付けの教皇答書でイザベル・ロメと息子たちに再審理の許可を与えた。この教皇答書は、ジャンヌの家族からの請願の内容を踏まえ、以下のように述べる。「彼らの妹であり娘であるジャンヌは、生涯異端を憎み、カトリック信仰や聖なるローマ教会に反するものは何

▼ジャックマン　ジャンヌの長兄。ジャンヌや弟たちと出発せず、母の故郷ヴトン村にとどまった。

▼ジャン　ジャンヌの次兄。おそらくジャンヌに同行し、各地を転戦したが、コンピエーニュでは捕縛を免れた。

▼偽ジャンヌ事件　一四三六年、クロード・デ・ザルモワーズという女性がメス市でジャンヌの名を騙った。ジャンは彼女に同行し、オルレアンで歓迎されたが、四〇年に彼女はパリで正体を暴かれた。

▼ピエール　ジャンヌの三兄。おそらくジャンヌに同行し、各地を転戦したが、コンピエーニュで捕虜となった。

▼カリクトゥス三世(教皇在位一四五五～五八)　ボルジア家出身。両法博士。

も信じなかった。にもかかわらず、ボーヴェ司教法廷の検事デスティヴェなる者が、ジャンヌやその仲間の敵におそらく買収され、故ボーヴェ司教ピエール・コーションおよび同地の異端審問所から委任を受けたと自称したドミニコ会士ジャン・ル・メートルに、偽りの報告を提示した」（高山一彦訳）。この偽りの報告に納得したコーションとル・メートルは理由もなくジャンヌを尋問し、投獄した。さらに、彼らは彼女に対して、不公平な最終判決を言い渡し、世俗法廷が彼女を断罪した。そのため、彼女の母、兄弟、家族に現在にもおよぶ不名誉と苦しみが生じたのである、と。

この答書では、ジャンヌによる教皇裁判権への上訴の嘆願が蔑ろにされたことも強調されており、教皇は、新たな裁判の開始前に、ジャンヌが無罪である可能性と異端裁判の無効を十分に認めていたようである。裁判の許可とともに、ジャン・ジュヴェナル・デ・ジュルサン▲、ギヨーム・シャルティエ▲、リシャール・オリヴィエ▲の三名の高位聖職者が委員に任命された。

▼**ジャン・ジュヴェナル・デ・ジュルサン**　元ボーヴェ司教で、この当時はランス大司教。

▼**ギヨーム・シャルティエ**　パリ司教。

▼**リシャール・オリヴィエ**　クータンス司教でルーアン司教座教会参事会員。

異端判決の再審理の開始

一四五五年十一月七日、パリのノートルダム大聖堂においてイザベル・ロメが教皇の返書を提示してジャンヌの異端判決の再審理を求め、裁判が正式に開始された。十一月十七日には、イザベルと息子たち、弁護士ピエール・モージエ、本裁判の責任者のランス大司教、パリ司教、フランス王国異端検察総監ら関係者がパリ司教館へ召喚された。

最初の公判はルーアンでおこなわれ、前裁判の関係者は十二月十二日から二十日のあいだに出頭するよう指示された。十二月十五日、ルーアン大司教公邸の大広間で、教会法学士シモン・シャピトーが検察官に指名された。まず、異端裁判時の書記ギヨーム・マンションが保持する全書類の提出を求められ、十二月十七日に尋問された。翌十八日には代訴人ギヨーム・プレヴォストーが請願を書面で提出した。そのなかで彼は以下のように主張した。異端裁判の判決と称するものが破棄され、ジャンヌの無実が宣言され、あらゆる不名誉の汚点が雪がれ、異端誓絶後と異端再犯後にそれぞれ下された判決の記録が火にくべられ、引き裂かれるべきである。また、ルーアンや王国内のほかの著名な都市

▼**異端判決の再審理**　この再審理の結果、ジャンヌに対する異端判決を無効とする判決が下されたため、本書では「無効裁判」と表記する。ジャンヌの復権につながった点から「復権裁判」と呼ばれることもある。

▼**ギヨーム・プレヴォストー**　ルーアンの弁護士。市民法学士。一四五二年には異端裁判の不公平さを告発する検察官に任命され、証言を提出した。

▼一〇一カ条の理由書　内容は多岐にわたるが、前裁判の手続き上の瑕疵を指摘し、コーションとル・メートルを非難しつつも、ルーアンとパリの博士たちを擁護するもので、前年十二月十八日にプレヴォストーが提出した請願と同じ要求で締めくくられている。

で、無効と破棄の判決が布告によって公表され、十字架の建立、図像や墓碑銘によって記念されるように。さらに、ルーアンで礼拝堂が設立され、故人のために永遠に祈られるように。さらに、この無効判決が、王と大法官の意に沿うならば、『フランス年代記』に挿入されるように、と。

続いて、シモン・シャピトーはルーアンへ戻り、一四五六年二月十七日にルーアンでの公判を開始した、ここで先の裁判の無効を主張するためのダルク家による一〇一カ条の理由書▲が朗読された。判事のシャルティエとブレアルは、この理由書を証拠として採用した。被告人の欠席が宣言されたため、今後は一〇一カ条の内容には誰も反論することができなくなったが、調査によって真偽が確認される必要があった。

これらの調査のおおよその目的は、ジャンヌの幼少期、シノンへの出発前の家族との関係、信仰心と武勲、異端裁判の展開の状況についての情報を得ることであった。実際には、調査の関心はジャンヌの成功と勝利に集中していた。それらは神が常に彼女とともにあった印とみなされたからである。そのため聴取された証言は、ジャンヌを批判するよりも、称賛する傾向にあるのは無理からぬことであった。証人たちが質問への返答に口裏を合わせた可能性もあるが、何らかの返答を強制されていたり、虚偽を述べたりした可能性は低い。彼らは、ジャンヌに対してもともといだいていた感嘆や親愛の情や哀れみを心から表明しただけであろう。

バロワ地方とロレーヌ地方での調査

一四五五年十二月二十日に作成された一二カ条の質問事項が、バロワ地方での調査に利用された。調査は、一四五六年一月二十八日にドンレミ村で開始され、三十一日に法廷はヴォークルールに移り、二月十一日に終了した。ジャンヌの次兄ジャンは、当時ヴォークルールの代官であったため、三四人の証人を選ぶなど一連の調査に介入したであろう。

一四三一年の裁判時の七〇カ条や一二カ条では、ジャンヌが幼少期に魔術や迷信▲に親しんだ、ヌフシャトーの宿屋の女中であった、両親に反抗的であった、という三つの告発がなされていた。特に二番目の告発は以下の通りである。「(七〇カ条の第八条)同じく。被告ジャンヌは二〇歳(ママ)の頃、自らの意思で、

▼魔術や迷信　一四五六年の証人たちは、「妖精の樹」(五六頁参照)を「婦人たちの樹」と呼び変え、キリスト教の祝日に散策する場であると主張し、異教的・魔術的性格を払拭しようとした。

▼**ジャンヌの滞在はごく短期間**
例えば、ジャンヌの代父ジャン・モレルは「四日間」、グルー村の農民ジェラール・ギユメットは「四、五日」と証言している。

父母の許しなしにロレーヌのヌフシャトーに赴き、ある期間ラ・ルースという名の女主人の家に奉公した。ここには絶えず数人の宿無し娘が泊まっており、また宿泊人の大部分は兵隊たちであった」。それに対し、ジャンヌは、ブルゴーニュ派を恐れて父の家を出て、ラ・ルースの家に行き、一五日間滞在したと認めた(二二頁参照)。この告発は、ジャンヌが兵隊相手の売春婦だったことをほのめかすため、一四五六年の証人は強く反論した。証人たちは、ラ・ルースの存在を認めたものの、そこでのジャンヌの滞在はごく短期間▲だったと主張した。さらに、その滞在中も村人や家族と一緒だったことを強調し、独立心の旺盛なジャンヌが自ら進んで行動したと解釈される余地を減じたのである。

オルレアンでの調査

一四五六年二月二十二日にオルレアンでの調査が開始され、最終日の三月十六日には三六名のオルレアン市民の証言が聴取された。「オルレアンの庶子」ことデュノワ伯ジャンによる証言は、最も分量が多く、ジャンヌの生活態度と軍事的才能、戦闘における行動、敬虔さと徳についての興味深い記録である

（引用は、高山一彦訳を一部改変した）。

軍職一筋のデュノワ伯による、「私はジャンヌは神から送られてきたものと信じますし、戦闘における彼女の行動は人間の精神というより神の霊感によるものであったと思います」という証言からは、ジャンヌ自身が卓越した戦術的戦略的才能の持ち主だとは信じきれない戸惑いもうかがえる。また、彼女の敬虔さについて述べるとき、彼は一四二九年八月のクレピーでのエピソードを語った。ランス大司教▲にどこで死にたいかと尋ねられたジャンヌは、「その時もその場所もわかっていないのです。どうか創造主である神が、いま私にこの場から身を引いて、武器を捨て、妹や兄たちと一緒に羊の番をしながら両親に仕えるため、立ち去らせてくださるように」と答えたという。ジャンヌの世俗的野心の欠如、素朴さを強調する意図が感じられる証言である。

デュノワ伯はまた、ジャンヌが自身の使命の終わりを悟っていたと述べる。「彼女が戦争のことや彼女自身の手柄や使命について真面目に語るときには、彼女がオルレアンの囲みを解いて、この町や近隣の地域で虐げられている人々を救い、さらに国王をランスに連れて行って聖別させること以外を語ることは

▼ランス大司教　ルニョー・ド・シャルトル。一四一四年にランス大司教。一四二八年十一月からシャルル七世の大法官。

なかった」。ここでは、ランスでの国王の聖別のあと、彼女が出撃を続けたのは、神による使命を逸脱した行為であったことをほのめかしている。デュノワ伯にとって、神とジャンヌのあいだの神秘的奇跡的な結びつきは、フランス国王とその王国が破滅の淵で救われたときまでしか続かなかった。

デュノワ伯の証言からは、彼が雄弁なだけでなく政治的センスをも備えた人物であることがうかがえる。この時期のシャルル七世と彼の親密な関係を考慮するならば、その証言は、ジャンヌの活動のなかでフランス王権の意にかなったことのみを語っている、とみなすことが十分に可能であろう。

パリとルーアンでの調査

一四五六年四月二日から五月十二日まではパリで調査がおこなわれ、アランソン公が証言した。五月十日にルーアンでの公判が再開され、十日から十四日のあいだに証人が出頭した。その頃、ジャン・ドーロン▲の証言文書も到着した。ドーロン、アランソン公、ジャン・パスクレル▲らの証言は、生き生きとして具体的である。他方、一四三一年の裁判に関わった判事たちの証言は一様に歯切

▼ジャン・ドーロン　かつてのジャンヌの従者。一四五五年からボーケールとニームのセネシャル、ピエール・シズの要塞守備隊長。オルレアン解放時のジャンヌに関する詳細な証言を残す。

▼ジャン・パスクレル　聖アウグスティヌス隠修修道会士。ジャンヌの聴罪司祭。彼女のコンピエーニュでの捕縛まで同行。王との会見、ポワティエの審問、聴いた「声」、旗印の描写、敬虔さなどジャンヌに関する証言を残す。

れが悪い。しかし、トマ・ド・クールセルとアンドレ・マルグリーの少なくとも二人は、再審理の尋問の際に感じたであろう圧力に抵抗して、ジャンヌの受けたとされる啓示と公現には疑問の余地があり、彼女の教会への服従は無条件には認められないと証言している。なお、三人の元判事は出頭せず、すでに故人となっているコーションやデスティヴェとともに、都合のよいスケープゴート役として非難を浴びた。五月三十日、反対の論議を求める呼びかけがおこなわれたが、誰も応じなかったため、この公判は終了した。

六月二日、これまで調査で収録された証言が法廷において確定され、五日にダルク家の代理人ギヨーム・プレヴォストーが全記録を裁判所に提出した。十日に最後の関係者の呼び出しがおこなわれたのち、審理の全記録がブレアルのもとに集められた。パリに戻ったブレアルはそれらの記録を分類・再検討し、「審理集成」を作成した。委員たちは、諸記録および「審理集成」を検討した。

六月二十四日に、七月一日を期限とする反対者への呼出状がルーアン司教座聖堂に掲示されたが、出頭者はいなかった。プレヴォストーとシャピトーは教皇の名においてジャンヌの復権を宣言するよう法廷に要請した。

▼トマ・ド・クールセル　ジャンヌの裁判時には神学学士。裁判記録を起草。一四三三年からパリ大学神学教授。六一年のシャルル七世の埋葬の際に説教をおこなった。

▼アンドレ・マルグリー　ルーアン司教座大聖堂参事会員。プティ・コー大助祭。

▼三人の元判事　ニコラ・ミディ、ジャン・ボーペール、ニコラ・ロワズルール。このうち、ボーペールは、一四五〇年三月のブイエによる尋問には応じた(七一頁参照)。

異端判決の破棄

一四五六年七月七日は裁判の最終日であり、ルーアン大司教公邸の大広間には多数が出席した。まず、この裁判では、ジャンヌの家族の告訴状、教皇の答書、一四三一年の異端裁判の記録、一四五二年の予備情報、高位聖職者や教会博士たちの論文、「生まれ故郷における彼女の行状」、ジャンヌの故郷からの出発、ポワティエの審問、「オルレアン市の解放、ランスへの進軍、王の聖別」、一四三一年の裁判の状況に関する証言を考慮したことが宣言された。続いて、一四三一年の告発一二カ条が批判され、これらの箇条はジャンヌの自白の抜粋と称されたが、真実が隠され、重要な点に関する偽りが挿入されており、ジャンヌの自白にも適合しないため、異端裁判記録から除かれるべきである、とされた。また、教皇への上訴については、ジャンヌが自身の裁判は教皇庁へ送られるべきだと執拗に何度も要求したことが確認された。ジャンヌがおこなったとされる異端誓絶は、彼女自身がその重要性を理解しないまま、暴力と処刑台の存在、火刑の脅威によって強いられたことを理由に斥けられた。最後に、ランス大司教が以下のような判決文を朗読した。「前記の審理と処刑判決は、欺瞞、中傷、不正、矛盾、事実面においても法律面においても、悔悛および刑の執行とそれらの結果を含めて、明白な過誤に汚されているがゆえに、無効であり、価値なく、効果を有せず、破棄されるべきものと明言し、布告し、宣言するものである」（高山一彦訳）。

その後、異端裁判の告発一二カ条を記した一部の記録を引き裂く象徴的な行為がなされた。同日、判決文はサン・トゥーアン墓地の広場に掲示・布告され、翌日にはヴィユー・マルシェ広場にも告示された。ジャン・ブレアルとギヨーム・ブイエはローマへ赴き、教皇への報告をおこなった。教皇の反応は知られていない。

この日を記念し、ルーアンでは厳粛な行列がおこなわれたが、ジャンヌの処刑後にイングランド側がおこなったようなプロパガンダを、フランス王権がおこなった形跡はない。ただし、マシュー・トマサン▲は、「奇跡的なこと」として、ジャンヌの事績を採り上げ、王国が滅亡の淵にあったときの「乙女ジャンヌ」による「フランス王国の回復と復活」は「処女マリア」による人間性の「回復と復活」に重ね合わされた。彼によれば、フランスの回復は「選ばれた」

▼マシュー・トマサン　法曹家。ドーフィネで王太子ルイ（のちのルイ十一世）の顧問となる。一四五六年五月、ドーフィネ地方の古文書の調査を命じられ、歴史叙述を含む『ドーフィネ記録集』を編纂。

王国のための神の特別な愛の証拠であり、その愛の印のなかで「この乙女の印ほど、偉大で驚異的なものはない」のであった。

無効裁判の性格

フランス王国において、ジャンヌの復権に関して、いかなる反対意見も明白には確認されなかった。彼女の復権が教皇庁によって支持されたとしても、人々は多かれ少なかれ自身の立場にとどまった。▲

異端裁判は、ジャンヌが神から遣わされたのではなく、悪魔によって霊感を得たという咎で彼女に異端の判決を下すことで、彼女が仕えるシャルル七世への神の支持を否定したため、シャルル七世は自身の名誉を毀損されたと感じていた。したがって、無効裁判の目的は、ジャンヌの異端の汚名を雪ぐことによって、間接的にシャルル七世の権威を回復させることにあった。政治的状況はシャルル七世に有利であった。他方、アルマニャック派とブルゴーニュ派の対立は解消されており、ブルゴーニュ派とパリ大学は異端裁判の責任を免れた。イングランド人が共通の敵として残され、さらに主要な被告人とみなされたの

▼**自身の立場にとどまった**　イングランド人はジャンヌを魔女だと信じ、ブルゴーニュ派もジャンヌはペテン師か魔女だとみなしたままであった。

はピエール・コーションであった。彼はリジュー司教として、最後までブルゴーニュ公とヘンリ六世に忠実であり、すでに一四四二年に死去していたため、スケープゴートに最適だったのである。こうして一四五六年の無効裁判は、一四三一年の異端裁判と同様に、政治的性格をもつ裁判だったといえる。しかしながら、この政治的性格は、多くの覚え書きや証言からうかがえるとしても、判決文では巧妙に避けられている。また、この裁判は、異端裁判時のジャンヌに対する告発のすべてを覆したわけではない。特に、彼女が聴いたと主張した「声」については判断を留保している。ドンレミ村の住人や火刑時の立会人をはじめとする多くの証人にジャンヌの敬虔な態度を証言させることにより、善きキリスト教徒としてのジャンヌの姿を強調し、告発の具体的な内容を希釈化したのである。

ジャンヌの記憶はフランス王国においても十六世紀から十八世紀までに徐々に弱まっていく。しかし、二つの裁判はジャンヌに関する主要な史料を生み出した。両者の性格の違いは、後世の歴史家によるジャンヌの役割の解釈に大きく影響し、十九世紀にジャンヌの神話の再生をもたらすことになる。

⑤—ジャンヌ・ダルクの神話化

ジャンヌの記憶の地域における継承

　ゲルト・クルマイヒ▲やミシェル・ヴィノック▲らによる十六世紀から二〇世紀にいたるまでのジャンヌの記憶の変遷に関する研究によれば、ジャンヌがその死後十九世紀まで忘却の彼方に追いやられていたという通説は、厳密には正しくない。ジャンヌの記憶は、彼女に縁の深い土地で脈々と受け継がれていた。生地のドンレミ村は十六世紀には巡礼地となり、妖精の樹の側に礼拝堂が建立され、ジャンヌの生家も保存された。彼女が処刑されたルーアンでは、十五世紀後半に火刑台跡に青銅の十字架が建立され、十六世紀には、その場所にジャンヌの像を備えた泉が設置された。また、ジャンヌによって包囲から解放されたオルレアンの市民たちは、毎年五月八日を記念日として、彼女のために行列と教会の儀式をおこなった。この祭りは、宗教戦争時と大革命時に中断されたものの、今日まで続いており、ジャンヌの功績はオルレアン市民の記憶に深く刻み込まれていた。

▼ゲルト・クルマイヒ（一九四五〜）　ドイツの歴史家。ハインリッヒ・ハイネ大学名誉教授。専門は第一次世界大戦史およびジャンヌ・ダルク。『歴史の中のジャンヌ・ダルク』（一九八九年）、『ジャンヌ・ダルク——幻視者、戦士、聖女』（二〇二一年）を刊行。

▼ミシェル・ヴィノック（一九三七〜）　パリ政治学院教授。専門はフランス政治思想史。主著は『知識人の時代』（一九九九年）、『クレマンソー』（二〇〇二年）、『スタール夫人』（二〇一〇年）など。『記憶の場』第三巻（一九九二年）に「ジャンヌ・ダルク」が収録される。

ジャンヌの生家（ドンレミ）　隣に博物館が併設されている。

サンレミ教会（ドンレミ）

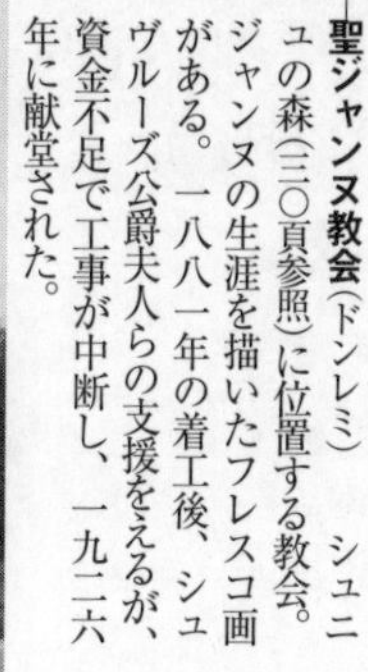

聖ジャンヌ教会（ドンレミ）　シュニュの森（三〇頁参照）に位置する教会。ジャンヌの生涯を描いたフレスコ画がある。一八八一年の着工後、シュヴルーズ公爵夫人らの支援をえるが、資金不足で工事が中断し、一九二六年に献堂された。

オルレアンにおけるジャンヌ・ダルク祭（一九八九年）　フランソワ・ミッテラン共和国大統領（左手前）とジャック・ラング文化大臣が出席した。

国王ルイ・フィリップの娘マリー・ドルレアン製作のブロンズ像（複製）　一八三九年にオルレアン市へ寄贈。

火刑台上のジャンヌ像（ルーアン）　一九二七年に彫刻家マキシム・レアル・デル・サルトが製作し、ルーアン市に寄贈した石像。聖ジャンヌ・ダルク教会の入り口横に設置された。

火刑台跡の十字架（ルーアン）

十九世紀までのジャンヌのイメージ

全国的なレベルではジャンヌへの関心は常に高かったわけではなく、評価もむしろ否定的であった。ルネサンス期の人々は、ジャンヌを記述する際に、もっぱら年代記に依拠した。なかでも、ブルゴーニュ派の立場からジャンヌを冷淡に描いたアンゲラン・ド・モンストルレ▲の『年代記』が好まれた。一五四八年にギヨーム・デュ・ベレ▲は、ジャンヌをフランス宮廷に操られた単なる道具として描き、一五七〇年にフランス人の歴史を最初に著したジラール・デュ・アイヤン▲もジャンヌの純潔と使命に懐疑的であった。一方、イギリス人にとっては、十六世紀末のシェイクスピアが劇作『ヘンリ六世』で描いたような、悪口雑言を吐き、火刑を免れようと虚偽の妊娠を申し立てた魔女の姿がジャンヌの典型的なイメージであった。

絶対王政期には王の影を薄くしかねないジャンヌは都合の悪い存在だった。例えば、王権神授説を唱えたボシュエ▲は著書のなかで、ジャンヌについて記述しながら彼女の聴いた声に触れていない。王党派的カトリック的なジャンヌ像を確立したのは、フランソワ・ウード・ド・メズレ▲である。彼は一六五一年の

▼アンゲラン・ド・モンストルレ（一三九五頃～一四五三）　ポンチュー出身の小貴族。年代記作家。フロワサールの年代記を書き継ぎ、一四〇〇～四四年の部分を執筆。

▼ギヨーム・デュ・ベレ（一四九一～一五四三）　フランソワ一世に仕えた外交官。トリノ総督、ピエモンテ総督を歴任。歴史家として『戦争の事実に関する教訓』を著した。

▼ジラール・デュ・アイヤン（一五三五～一六一〇）　アンジュー公の財務担当秘書官。フランス国王シャルル九世とアンリ三世に修史官として仕え、『フランスの紛争における慈悲について』を著した。

▼ボシュエ　ジャック＝ベニーニュ・ボシュエ（一六二七～一七〇四）　モー司教・神学者。ルイ十四世に仕えた。一六七〇年頃に『フランス史序説』を著した。

▼フランソワ・ウード・ド・メズレ（一六一〇～八三）　国王修史官。アカデミー・フランセーズ終身書記。一六五一年に『ファラモンから現在までのフランスの歴史』を著した。

著書中で、彼女の役割を神の道具に限定した。すなわち、神は貧しい羊飼いの娘を選び、彼女を通じて自身の御業をおこなった。彼女の使命は、シャルル七世を聖別させることのみであったが、彼女は傲慢ゆえに自身の冒険を続けたがり、その結果、神は彼女を罰し、見捨てたのである、と。これは敵の手に落ちたジャンヌを救出しなかったシャルル七世を免罪する論理である。この著作は成功し、十八世紀に広く普及し、十九世紀にも引用された。

ジャン・シャプラン▲がジャンヌを叙事詩のヒロインにしたことで、彼女のイメージはステレオタイプ化していった。しかし、啓蒙の世紀の合理主義と反聖職者主義は、ジャンヌの魔女のイメージを払拭したが、彼女の歴史を彩る篤信と奇跡とは相容れなかった。一七五五年にヴォルテールは、シャプランの詩のパロディーを匿名で著し、ジャンヌを国王に操られた「居酒屋の若い女給仕」で、教会の犠牲者となった「哀れな愚女」として描いた。

なお、十六世紀のエチエンヌ・パスキエ▲、十七世紀のエドモン・リシェ▲、十八世紀のクレマン・ド・ラヴェルディ▲のような学識者が、裁判史料にもとづいた著作を著したが、多くの読者を獲得するにはいたらなかった。

▼ジャン・シャプラン（一五九五～一六七四）　詩人・批評家。アカデミーの創設メンバー。叙事詩『オルレアンの乙女あるいは解放されたフランス』（一六五六年）が代表作。

▼エチエンヌ・パスキエ（一五二九～一六一五）　法曹家・作家。一六一一年に刊行された『フランス考』第六巻第五章でジャンヌの裁判記録を分析した。

▼エドモン・リシェ（一五六〇～一六三一）　パリ大学神学部の元評議員。ガリカニスムを唱えた神学者。ジャンヌの裁判資料を用いて『オルレアンの乙女の物語』を著した。

▼クレマン・ド・ラヴェルディ（一七二四～九三）　ガンベ侯爵。ルイ十五世の財務総監。ジャンヌ裁判のユルフェ写本とオルレアン写本を発見した。

十九世紀のロマン主義とミシュレ

フランス革命の時期には、ジャンヌは国王の手先とみなされ、それほど好意的に扱われなかった。しかし一方で、革命はフランスにおける王朝の伝統を断絶させ、歴史研究の刷新をもたらした。また、その後のロマン主義は啓蒙時代の無味乾燥な合理性への反発から、伝説や民間伝承、驚異の価値を再発見し、中世という時代とその英雄たちを復権させた。一八〇一年初演のフリードリヒ・フォン・シラー▲の劇作『オルレアンの乙女』はその典型である。

他方、ロマン主義の歴史家は、民衆の歴史や集合的行動に関心を向け、共和政を支持した。この新たな歴史学的伝統は、ジャンヌ・ダルクを国民意識をもった「最初の人民」に位置づけた。ジュール・ミシュレ▲は、一八四一年に刊行した『フランス史　第五巻』中で、「オルレアンの乙女」を素朴さと素直さ、勇気、正しい道への直観を備えた平民の徳が具体化した人物として描いた。また、ジャンヌを自己犠牲によって人々を救済へ向かわせる役目を果たしたキリストになぞらえた。ミシュレにとって歴史とは、オルレアンの聖なる乙女と革命という二つの贖いによって区切られた啓示であり、フランスの人民とは、ジ

▼フリードリヒ・フォン・シラー（一七五九〜一八〇五）　ドイツの劇作家・詩人・哲学者・歴史家。代表作は『ヴァレンシュタイン』『ヴィルヘルム・テル』など。『オルレアンの乙女』は、初演以来一八四三年まで二四〇回以上ドイツで上演された。

▼ジュール・ミシュレ（一七九八〜一八七四）　歴史家・作家。高等師範学校教授、コレージュ・ド・フランス教授を歴任。代表作は『フランス史』全一九巻、『フランス革命史』全七巻など。「ルネサンス」を時代概念として提唱したことでも知られる。

ャンヌを通じて国民意識が芽生えた最初の選ばれた人々なのである。彼の著作は、行動する平民としてのジャンヌ・ダルクという共和主義的な新しい歴史像を一般に広めた。他方、ミシュレは共和主義的、反教権的、反王党派的という立場から、ジャンヌが聴いた声は彼女自身の心の声であり、彼女は国王と人々に見捨てられ、教会によって蔑ろにされた、と考えた。また、『フランス史』は二次文献を多く用いており、王党派やカトリックを起源とする伝統的解釈を脱することはなく、ジャンヌの使命はランスで終わったと述べている。

▼**ジュール・キシュラ**（一八一四～八二）　考古学者・古文書学者。国立古文書学校教授・校長。

キシュラによる関連史料の編纂

ジャンヌに関する一次史料を網羅的に蒐集したのは、ジュール・キシュラ▲であった。彼は、フランス歴史学会からジャンヌ・ダルクに関する全史料の編纂を委ねられ、一八四一～四九年に全五巻の史料を刊行した。キシュラは、ミシュレと同じく共和主義者であり、反王党派で反教権主義者であったが、こうしたイデオロギー的立場が、伝統的歴史叙述を離れた史料の新しい理解を可能にした。それまでは、ジャンヌ・ダルクの無効裁判の方が証人が圧力を受けていないため、異端裁判よりも信頼できると考えられてきたが、キシュラは逆に異端裁判の方が、無効裁判よりも信憑性が高いことを示した。すなわち、無効裁判はシャルル七世の名誉を回復させるよう企図されたため、後世の多くの操作の疑いがあり、ジャンヌの使命がシャルルの聖別で終わったように示す傾向にある。それに対し、異端裁判ではコーションは自らが政治的裁判を遂行していることを意識しており、結論は偏っていたとはいえ、その調査と手続きには非難の余地は少ない。また、当時流布された記録の写しの真正性と保管も同様に信用に値するものであり、証言と議論を正確に記録したこの史料のなかにこそ、ジャンヌの真の姿があらわれている、とキシュラは考えたのである。

同時に、彼は学術的厳密さを重んじ、それまで王党派やカトリックによって提唱されていた国王の名誉を救うための言説、すなわち神に与えられた任務をジャンヌが逸脱したことを強調する点を批判した。キシュラのすぐれて共和主義的な主張によれば、ジャンヌはイングランド人をフランスから追い出すまでが自身の使命だと常に理解しており、それに反対する宮廷の勢力と衝突していた。国王シャルル七世は彼女を裏切ってはいないが、彼女の捕縛は国王に見捨てられた結果である。国王の無気力によって、ジャンヌは国民的使命を達成できなかったが、われわれは革命の経験を通じてジャンヌの行動の偉大さを理解できる、とキシュラは結論づけた。

キシュラの業績は当初専門家以外には知られなかったが、アンリ・マルタン▲の『フランス史』全一七巻を通じて特に共和主義政治家に知られるようになった。このマルタンの著作は、一八五七年にジャンヌに関する部分のみ別に刊行され、ベストセラーとなった。この本では彼女の庶民的出自が強調され、キシュラの見解が一般にも普及した。これらの学術的な裏づけのある厳しい批判に曝されたカトリックは、それまでのステレオタイプを脱し、新たなジャンヌ像を再構築するよう促されたのである。

カトリックの動向

十九世紀半ばまで、カトリックの歴史叙述は近代歴史学の成果を拒否していた。ジャンヌを聖女として描いた最初のカトリックの歴史家は、フランスの王党派的歴史叙述から自由であったドイツ人のグイド・ゲレス▲である。彼が一八

▼アンリ・マルタン（一八一〇～八三）　歴史家、小説家、ジャーナリスト。政治家としては、パリ十六区長、下院議員、上院議員を歴任。愛国者同盟の創設メンバー。

▼グイド・ゲレス（一八〇五～五二）　ドイツの詩人・言語学者・歴史家。カトリックの広報誌の編集長。

三四年に刊行した『オルレアンの乙女』は、異端裁判におけるジャンヌの人となりと無実を強調した。彼の著作は一八四〇年にフランス語に翻訳され、大きな反響を呼んだ。アンリ・ワロン▲はゲレスを引き継ぎ、一八六〇年に二巻本の『ジャンヌ・ダルク』を著し、ミシュレとキシュラの成果を統合した。彼はジャンヌの敬虔さを主張し、「ジャンヌは、生涯を通じて聖女であり、死を通じて殉教者であった」と述べた。

十九世紀後半になって、ジャンヌ・ダルクの列聖というアイデアが出てくる背景には、こうしたカトリックの歴史叙述とオルレアン司教フェリクス・デュパンルー▲の活動があった。フランスの工業化と農村からの人口流出の影響による脱キリスト教化に危惧をいだいていたデュパンルーは、ジャンヌを国民的ヒロインとすることでナショナリズムとカトリック的伝統を和解させようと考えた最初の人物でもあった。彼は一八六九年からジャンヌの列聖を教皇庁に求め続けたが、教会はかつて自らが火刑にしたジャンヌを聖人に祀り上げるつもりなのか、という反聖職者主義者の揶揄の対象となった。教皇庁の熱意も十分ではなく、一八七四年に列聖審理は始められたものの、二年後に中断された。

▼アンリ・ワロン（一八一二〜一九〇四） 歴史家・政治家。第三共和政下で公教育大臣、パリ大学文学部長、上院議員を歴任。

▼オルレアン司教フェリクス・デュパンルー（一八〇二〜七八） カトリックの聖職者・神学者。一八四九年にオルレアン司教に任命された。一八五四年からはアカデミー会員、一八七五年に終身上院議員に選出された。

ジャンヌの列聖

一八七〇年の普仏（ドイツ・フランス）戦争の敗北で第二帝政が崩壊すると、その後の政治混乱の末、穏健的共和主義者が権力を握り、一八八〇年代に第三共和政が安定することになる。一八八一年の学校法で義務教育が制定され、共和主義の歴史は国民アイデンティティの基礎とされた。しかし、一八八六〜八九年のブーランジェ危機▲は、結果として、左派出身のナショナリストと右派出身の王党派を反議会主義の下にまとめ、反共和主義とナショナリズムを結びつける新たな潮流である右派ナショナリストが誕生した。彼らの主張は共和主義、議会主義、ユダヤ主義に対する対抗を掲げ、ナショナリスト、アクション・フランセーズ▲のようなネオ王党派、カトリックの保守派らが結集した。これらの運動はそのイデオロギーに合わせてジャンヌ・ダルクの歴史を解釈していた。カトリック保守派エロール神父▲の著作では、ジャンヌは「悪魔崇拝者の侵攻」からフランスを救い、道徳改革を促進したとされる。これに対して、著名な作家で共和主義急進派のアナトール・フランス▲は、ジャンヌの聴いた声は幻覚であり、彼女は教会秩序への反抗者である、と主張した。

▼ブーランジェ危機　対独復讐の国民感情を背景とした、ブーランジェ将軍を中心とする反議会主義的・反共和主義的政治運動。将軍支持勢力によるクーデタ未遂と将軍のベルギーへの亡命によって終結。

▼アクション・フランセーズ　反ドレフュス派の知識人を中心に結成された王党派組織。一八九九年に創刊された同名の機関紙に由来する。一九〇四年と〇八年にジャンヌの奇跡に懐疑的な教授に対する抗議運動を展開した（タラマス事件）。

▼エロール神父（一八二八〜一九二二）　イエズス会の司祭・歴史家。一八八五年に『祭壇上のジャンヌ・ダルクとフランスの再生』、一八九〇〜一九〇二年に『真のジャンヌ・ダルク』全五巻を著した。

▼アナトール・フランス（一八四四〜一九二四）　作家・文芸評論家。一八九六年からアカデミー会員。一九〇八年に『ジャンヌ・ダルク伝』全二巻を著す。一九二一年にノーベル文学賞受賞。

●**サラ・ベルナール主演劇「ジャンヌ・ダルク」のポスター**(一八九〇年)　スイスの装飾芸術家ウジェーヌ・グラッセによるリトグラフ。人間的で親しみやすい聖女、知的で深みのある女性像を表現した。

●**ジャンヌに扮する女性参政権運動家**(サフラジェット)　一九〇九年四月、投獄されていた仲間の釈放を祝うロンドンでの行列の際のエルシー・ハウィー。

●**第二次世界大戦期のヴィシー政権側のプロパガンダポスター**(一九四三年)　連合軍の爆撃でルーアンが炎上しているイラストと「殺人犯はいつも犯行現場に戻ってくる」という文句で、ジャンヌを処刑したイギリス人への憎悪をあおっている。

EN PAGE 2 : CE QUE LES BOLCHEVIKS DISENT DES SOCIALISTES, PAR NOTRE ENVOYÉ SPÉCIAL

A LA CHAMBRE, LE DEBAT D'HIER SUR LES GREVES FUT MOUVEMENTE

EXCELSIOR

JEUDI 20 MAI 1920

Le cheval pense une chose et celui qui le selle, une autre.

CÉRÉMONIE DE LA CANONISATION DE JEANNE D'ARC A ROME

LA BASILIQUE DE SAINT-PIERRE DÉCORÉE D'UNE BANNIÈRE DE JEANNE D'ARC

LES FIDÈLES A L'INTÉRIEUR DE LA BASILIQUE, PENDANT LA CÉRÉMONIE

●**ジャンヌの列聖の記事**(一九二〇年五月二十日)　『エクセルシオール』誌三四四七号。ジャンヌの列聖を祝いサン・ピエトロ大聖堂に集まる人々(左上と右上)。教皇ベネディクト十五世によるミサ(下)。

一八九二年に共和国政府は、強硬な保守派を警戒するカトリックの一部勢力と公式に和解した。この保守寄りの体制によって、教皇庁との関係も改善した。一八九四年にジャンヌの列聖審理が再開され、ジャンヌは一九〇九年に列福、一九二〇年に列聖された。一九二〇年には、ジャンヌを記念する国の祝日の制定が決議された。同時にそれは、彼女をめぐる政治的論争の終結の年でもあった。以後、社会主義者、急進派、共和主義右派、カトリック穏健派といった人々は、ジャンヌが聖女か人民の娘かについて表立って議論することはなかった。もはや彼女を自らのイデオロギーの御旗に掲げるのは右派ナショナリストのみであった。ジャンヌの列聖を実現させたのは穏健右派であったが、その正当性を新たに利用したのは極右勢力であった。

ナショナリストの守護聖女

ジャンヌ・ダルクは、ブーランジェ危機とドレフュス事件▲のあいだに生まれた極右勢力の政治文化において格好の象徴となった。この政治的潮流はナショナリズム、反議会主義、王党主義、反ユダヤ主義、カトリック保守主義を一体

▼ドレフュス事件　ユダヤ人アルフレッド・ドレフュス大尉に対する、一八九四年の反逆罪の告発に端を発した国事事件。彼の無罪を支持するドレフュス派と、有罪を支持する反ドレフュス派とのあいだのフランス社会を二分する対立は、ドレフュスが無罪となる一九〇六年まで続いた。

化させた。右派ナショナリストは、革命によって導入された近代を拒絶し、反動的で悲観的な展望を示した。すなわち、議会政治の腐敗、ユダヤ＝フリーメイソン▲の陰謀、社会主義のために、フランスは退廃の時代を迎えており、内部分裂によって国が内側から崩壊している、というのである。そして旧来の政治秩序、軍隊、伝統を回復することこそが解決策であり、ユダヤ人は反フランス、ジャンヌは反ユダヤ人であると理解された。

第二次世界大戦、特に一九四〇年六月のフランスのドイツへの降伏は、再びジャンヌのイメージの分裂をもたらした。親独のヴィシー政府は、右派ナショナリストのイデオロギーの一部を借用し、反ユダヤ主義を合法化した。ジャンヌを引き合いに出すことで、対独協力者はフィリップ・ペタン▲への支持を正当化し、イギリス人への嫌悪をあおった（九九頁参照）。他方、シャルル・ド・ゴール▲や共産党はジャンヌとダニエル・カサノバ▲を重ね合わせ、レジスタンスに利用した。

ジャンヌの政治利用は、第二次世界大戦後の極右勢力の失墜とともに廃れたが、一九八〇年代に国民戦線の台頭で復活した。同党の創設者のジャン・マリ

▼フリーメイソン　中世の石工ギルドを起源とする国際的友愛組織。十八世紀にイギリスからフランスに伝わって、広まったとされる。

▼フィリップ・ペタン（一八五六〜一九五一）　軍人・政治家。フランス第三共和政首相・ヴィシー政権の主席。

▼シャルル・ド・ゴール（一八九〇〜一九七〇）　軍人・政治家。第二次世界大戦中にロンドンで亡命政府を樹立、フランス国内のレジスタンスと共闘した。一九五九年に第五共和政で最初の大統領に就任。

▼ダニエル・カサノバ（一九〇九〜四三）　パリで歯学を学ぶ。青年共産主義者同盟に参加し、フランス女子青年連合の事務局長を務める。一九三九年以降、レジスタンスとして活動。一九四二年に逮捕され、収容先の刑務所でも抵抗を続けたため、アウシュビッツに移送された。現地の収容所で歯科医として働くも、チフスに罹患して死亡した。

▼「**栄光の三〇年間**」　第二次世界大戦終結後、フランスの経済が大きく成長し続けた三〇年間(一九四五～七五年)。

ー・ルペンは、二十世紀初頭の右派ナショナリストの文化と神話を再活性化させた。今度の標的となったのは移民であった。「栄光の三〇年間」▲に工場労働者としてフランスに流入した移民は、一九七〇年代の危機においては失業問題の責任を押しつけられた。そしてジャンヌは移民排斥の象徴として担ぎ出されたのである。

二十一世紀のジャンヌ・ダルクの表象へ

二十世紀末以降のフランスでは、ジャンヌ・ダルクは、かつてのような激しいイデオロギー対立の争点ではなくなったようにみえる。カトリック教会の共和政への賛同、第二バチカン公会議による教会の近代社会への歩み寄り、「栄光の三〇年間」におけるフランス農村の衰退、そしてヨーロッパ統合は、共和政、国民、国家と教会のあり方をめぐる対立を薄め、政治における中世のヒロインの再利用を時代遅れなものにしたからである。

それでも本書の冒頭で触れたように、二十一世紀のフランスにおいてもジャンヌ・ダルクの表象はさまざまな価値を失ってはいない。ボーヌが強調するように、中世社会に厳然と存在した年齢、身分や性別などさまざまな壁を乗り越えたジャンヌの脱規範性は、今日のジェンダー・エンパワーメントの観点から論じる意味もあろう。他方、クルマイヒは、ジャンヌのイメージ形成における、より普遍的で越境的(トランスナショナル)な性格を指摘する。例えば、高山一彦によれば、明治期の日本においてジャンヌは、まず、主君と祖国への忠誠の模範となる典型的な愛国者・女傑として受容され、その後は女性解放運動の象徴となるが良妻賢母的な性格も付与され、同時にフィクションにおいては勧善懲悪のヒロインとして描かれたという。時がたち、現代の日本におけるジャンヌ・ダルクは、ナショナリズムの桎梏から解き放たれ、小説や演劇の登場人物としてだけでなく、J-Pop、マンガ、アニメ、ゲームなどのエンターテイメントやサブカルチャーのキャラクターとしても、フランス人も驚くほど豊かな姿をみせているのである。

▼**越境的な性格**　本書のカバー表の元絵を描いたアルベール・リンチ(一八六一〜一九五〇)は、バイエルン王国でペルー人の父親とドイツ人の母親とのあいだに生まれ、幼少期にパリに移り住み、エコール・デ・ボザールで学んだ。フランスで活動後、モナコ公国で没した。女性画を得意とする越境的な画家である。

▼**高山一彦**(一九二四〜二〇一六)　成蹊大学名誉教授。関連資料の翻訳をはじめ、日本におけるジャンヌ・ダルク研究の先駆者。

1430	18	***5-23*** ジャンヌ、コンピエーニュで捕縛。***10-*** までボールヴォワール城に幽閉。***12-*** 下旬 ジャンヌ、ルーアンへ護送
1431	19	***1-9*** 予備審理開始。***3-25*** ジャンヌの男装に関する追加の審問。予備審理終了。*-26* 普通審理の開始決定。*-27* ～ *28* 検察官ジャン・デスティヴェによる70カ条の告発文朗読。***4-2*** 12カ条の告発の作成を決定。***5-24*** サン・トゥーアン大修道院付属墓地でギョーム・エラールの説教。ジャンヌ、異端誓絶。コーション、ジャンヌに永久入牢の判決。*-28* ジャンヌ、再び男装。*-30* ヴィユー・マルシェ広場で最終判決朗読。ジャンヌ、火刑に処される
1435		***9-21*** アラスの和約締結
1449		***12-10*** シャルル7世、ルーアンへ入市
1450		***2-15*** シャルル7世、ギヨーム・ブイエへ書簡で前裁判の再調査を指示
1453		***7-17*** カスティヨンの戦いで仏軍勝利。百年戦争の実質的終結
1455		***6-11*** 教皇カリクトゥス3世、イザベル・ロメらに裁判開始を許可。***11-7*** ジャンヌ無効裁判、正式に開始
1456		***1-28*** ～ ***2-11*** バロワ地方とロレーヌ地方での調査。***2-17*** ルーアンでの公判。*-22* ～ ***3-16*** オルレアンでの調査。***4-2*** ～ ***5-12*** パリでの調査。***5-10*** ～ *30* ルーアンでの公判。***7-7*** ランス大司教、前裁判の判決を破棄する判決
1841		ミシュレ、『フランス史　第五巻』刊行
1841～49		キシュラ、ジャンヌ・ダルク関連史料刊行
1920		ジャンヌ・ダルクの列聖

ジャンヌ・ダルクとその時代

西暦	年齢	おもな事項
1066		ノルマン征服
1259		パリ条約締結
1294〜98		ギエンヌ戦争
1328		カペー朝断絶。ヴァロワ朝初代国王フィリップ6世即位
1337		***5-24*** フィリップ6世、エドワード3世へギエンヌ公領の没収を宣告。***11-*** フィリップ6世とエドワード3世の封建関係断絶
1340		***6-24*** スロイスの海戦で英艦隊勝利。***9-*** エスプレシャン休戦協定締結
1341〜64		ブルターニュ継承戦争
1346		***8-26*** クレシーの戦い。英軍勝利
1348		黒死病がヨーロッパ中に蔓延
1356		***9-19*** ポワティエの戦い。英軍勝利。仏王ジャン2世捕虜に
1360		ブレティニー・カレー条約締結
1369		***11-30*** シャルル5世、ギエンヌ公領のエドワード3世からの没収を宣言
1380		シャルル5世死去。シャルル6世即位
1392		シャルル6世、精神疾患の最初の発作
1396		英仏間で28年間の休戦条約締結
1399		ランカスター公ジョン死去。リチャード2世廃位。ヘンリ4世即位
1407		オルレアン公ルイの暗殺
1412頃		ジャンヌ、ドンレミ村で誕生
1413	1	英王ヘンリ4世死去。ヘンリ5世即位
1415	3	***8-12*** ヘンリ5世、フランス上陸。***10-25*** アザンクールの戦い。英軍勝利
1419	7	***9-10*** ブルゴーニュ公ジャン暗殺（モントロー事件）
1420	8	***5-21*** トロワ条約の調印
1422	10	***8-31*** ヘンリ5世死去。ヘンリ6世即位。***10-21*** シャルル6世死去
1424	13	モン・サン・ミシェルの本格的な包囲が開始。ジャンヌ、大天使ミシェルの声を聴く
1428	16	***10-12*** イングランド＝ブルゴーニュ連合軍、オルレアンの包囲開始。***12***頃 ジャンヌ、「フランス」へ行く決心
1429	17	***2-12*** 鰊の日の戦い。オルレアン軍敗北。***2-12***頃 ジャンヌ、ヴォークルールを出発。***2-23*** ジャンヌ、シノン到着。***3-***〜3週間 ポワティエの審問を受ける。***3-22*** ジャンヌ、「イングランド人への手紙」作成。***4-27*** ジャンヌ、ブロワからオルレアンに向けて進軍開始。***5-8*** 英軍、オルレアンから撤退。***6-18*** 仏軍、パテーの戦いで勝利。***7-17*** ランスの大聖堂でシャルル7世の聖別式挙行。***9-8*** ジャンヌ、パリ攻撃失敗。***11***〜***12-*** ジャンヌ、ラ・シャリテ・シュル・ロワール攻略失敗

Duparc, P., éd., *Procès en nullité de la condamnation de Jeanne d'Arc, 5 vols*, Paris, 1977-1988.

Fowler, K., ed., *The Hundred Years War*, London, 1971.

Guyon, C., et M. Delavenne, eds., *De Domremy à Tokyo. Jeanne d'Arc et la Lorraine. Actes du colloque universitaire international, Domremy et Vaucouleurs, 24-26 mai 2012*, Nancy, 2013.

Krumeich, G., *Jeanne d'Arc à travers l'histoire*, Paris, 2017.

Krumeich, G., *Jeanne d'Arc: Seherin, Kriegerin, Heilige*, München, 2021.

Maurice, J., éd., *Images de Jeanne d'Arc. Actes du colloque de Rouen (25, 26, 27 mai 1999)*, Paris, 2000.

Neveux, F., éd., *De l'hérétique à la sainte: les procès de Jeanne d'Arc revisités. Actes du colloque international de cerisy (1er - 4 octobre 2009)*, Caen, 2012.

Quicherat, J. E. J., éd., *Procès de condamnation et de réhabilitation de Jeanne d'Arc dite la Pucelle, 5 vols*, Paris, 1841-1849.

Sumption, J., *The Hundred Years War: I. Trial by Battle* , London, 1999.

Taylor, L. J., *The Virgin Warrior: The Life and Death of Joan of Arc*, New Haven, Conn., 2009.

Tisset, P., et Y. Lanhers, eds., *Procès de condamnation de Jeanne d'Arc, 3 vols*, Paris, 1960-1971.

Toureille, V., *Jeanne d'Arc*, Paris, 2020.

Warner, M., *Joan of Arc. The Image of Female Heroism*, New York, 1981.

図版出典一覧

Jeanne d'Arc. Les tableau de l'histoire, 1820-1920, Paris, 2003. 扉

Bove, B., *Le temps de la guerre de Cent Ans : 1328-1453*, Paris, 2009. *11* 下 , *17, 89* 下

Contamine, P., O. Bouzy, et X. Hélary, eds., *Jeanne d'Arc: histoire et dictionnaire*, Paris, 2012. *40*

Duroselle, J. -B., *L'EUROPE.Histoire de ses peuples*, Paris, 1990. *31*

Goglin, J.-M., J. Noblet, O. Bouzy, et C. Beaune, *Historial Jeanne d'Arc: De l'histoire au mythe*, Paris, 2015. *36, 99* 上右・上左・中

Renaudeau, O., *La guerre de Cent Ans*, Rennes, 2012. *4, 32, 67*

Warner, M., *Joan of Arc. The Image of Female Heroism*, New York, 1981. *61, 99* 下

著者撮影 *39, 42, 48, 89* 上右・上左・中 , *90* 上・下右・下左

PPS 通信社提供 カバー表・裏

ユニフォトプレス提供 *11* 上

参考文献

朝治啓三・渡辺節夫・加藤玄編著『中世英仏関係史：1066-1500 ――ノルマン征服から百年戦争終結まで』創元社、2012年

上田耕造『図説 ジャンヌ・ダルク』河出書房新社、2016年

ミシェル・ヴィノック（渡辺和行訳）「ジャンヌ・ダルク」ピエール・ノラ編（谷川稔監訳）『記憶の場――フランス国民意識の文化＝社会史〈第3巻〉』岩波書店、2003年

城戸毅『百年戦争――中世末期の英仏関係』刀水書房、2010年

フィリップ・コンタミーヌ（坂巻昭二訳）『百年戦争』白水社、2003年

佐藤賢一『英仏百年戦争』集英社、2003年

佐藤猛『百年戦争――中世ヨーロッパ最後の戦い』中央公論新社、2020年

高山一彦『ジャンヌ・ダルクの神話』講談社、1982年

高山一彦『ジャンヌ・ダルク――歴史を生き続ける「聖女」』岩波書店、2005年

高山一彦編訳『ジャンヌ・ダルク処刑裁判（新装復刊）』白水社、2015年

竹下節子『ジャンヌ・ダルク――超異端の聖女』講談社、1997年

レジーヌ・ペルヌー（高山一彦編訳）『オルレアンの解放』白水社、1986年

レジーヌ・ペルヌー、マリ＝ヴェロニック・クラン（福本直之訳）『ジャンヌ・ダルク』東京書籍、1992年

レジーヌ・ペルヌー（高山一彦訳）『ジャンヌ・ダルクの実像』白水社、1995年

レジーヌ・ペルヌー（塚本哲也監修）『奇跡の少女ジャンヌ・ダルク』創元社、2002年

レジーヌ・ペルヌー編（高山一彦訳）『ジャンヌ・ダルク復権裁判』白水社、2002年

コレット・ボーヌ（阿河雄二郎他訳）『幻想のジャンヌ・ダルク――中世の想像力と社会』昭和堂、2014年

堀越孝一『ジャンヌ＝ダルクの百年戦争』清水書院、2017年

堀越孝一訳・校注『パリの住人の日記（Ⅰ：1405-1418, Ⅱ：1419-1429, Ⅲ：1430-1434）』八坂書房、2013-2019年

ジュール・ミシュレ（森井真・田代葆訳）『ジャンヌ・ダルク』中央公論新社、2019年

Jeanne d'Arc. Une époque, un rayonnement (colloque d'histoire médiévale, Orléans, octobre 1979), Paris, 1982.

Allmand, Ch., *The Hundred Years War: England and France at War, c.1300-c.1450*, Cambridge, 1988.

Bove, B., *Le temps de la guerre de Cent Ans : 1328-1453*, Paris, 2009.

Boudet, J.-P., et X. Hélary, eds., *Jeanne d'Arc. Histoire et mythes. Actes du colloque d'Orléans (9-10 mai 2012)*, Rennes, 2014.

Bouzy, O., *Jeanne d'Arc en son siècle* , Paris, 2013.

Contamine, Ph., *De Jeanne d'Arc aux guerres d'Italie. Figures, images et problèmes du XVe siècle*, Orléans, 1994.

Contamine, Ph., O. Bouzy, et X. Hélary, eds., *Jeanne d'Arc. Histoire et dictionnaire*, Paris, 2012.

Contamine, Ph., *Jeanne d'Arc et son époque*, Paris, 2020.

Curry, A., *The Hundred Years War, Second Edition*, New York, 2003.

加藤 玄(かとう　まこと)
1972年生まれ
東京大学大学院人文社会系研究科博士課程単位取得退学
博士(文学)
専攻，中世英仏関係史
現在，日本女子大学文学部教授

主要著書

伊藤毅(編)『バスティード——フランス中世新都市と建築』(共著，中央公論美術出版 2009)
高橋慎一朗・千葉敏之(編)『中世の都市——史料の魅力，日本とヨーロッパ』(共著，東京大学出版会 2009)
吉田伸之・伊藤毅(編)『伝統都市1　イデア』(共著，東京大学出版会　2010)
朝治啓三・渡辺節夫・加藤玄(編著)『中世英仏関係史　1066-1500』(創元社 2012)
近藤和彦(編)『ヨーロッパ史講義』(共著，山川出版社 2015)
高橋慎一朗・千葉敏之(編)『移動者の中世——史料の機能、日本とヨーロッパ』(共著，東京大学出版会 2017)
朝治啓三・渡辺節夫・加藤玄(編著)『〈帝国〉で読み解く中世ヨーロッパ』(ミネルヴァ書房 2017)
中野隆生・加藤玄(編著)『フランスの歴史を知るための50章』(明石書店 2020)

世界史リブレット人㉜
ジャンヌ・ダルクと百年戦争
時空をこえて語り継がれる乙女

2022年3月15日　1版1刷印刷
2022年3月25日　1版1刷発行

著者：加藤 玄(かとう まこと)
発行者：野澤武史
装幀者：菊地信義＋水戸部功
発行所：株式会社 山川出版社
〒101-0047　東京都千代田区内神田1-13-13
電話　03-3293-8131(営業) 8134(編集)
https://www.yamakawa.co.jp/
振替 00120-9-43993
印刷所：株式会社 プロスト
製本所：株式会社 ブロケード
 ISBN978-4-634-35032-8